청소년들의 진로와 직업 탐색을 위한
잡프러포즈 시리즈 10

책임과 **사명**을
즐길 수 있다면

책임과 사명을
즐길 수 있다면

기관사

송다연 지음

위대함의 대가는 책임감이다.

− 윈스턴 처칠 Winston Churchill −

모든 고귀한 일은
찾기 드문 만큼 하기도 어렵다.

– 바뤼흐 스피노자 Baruch Spinoza –

C·O·N·T·E·N·T·S

오늘 여러분의 하루는 어땠나요? 뜻깊고 의미 있는 하루였나요? 저의 하루는 수만 명의 사람들과 함께 시작하고 끝이나요. 아침에는 수천 명이 넘는 승객의 안전한 출근길을 함께하고 저녁에는 지친 승객들이 무사히 귀가할 수 있도록 인도하죠. 수많은 승객의 안전을 책임지고 사고 없이 하루를 끝내면 그렇게 뿌듯할 수 없어요. 출퇴근하는 직장인, 교복 입은 학생, 데이트하는 커플, 지팡이를 짚으신 어르신들까지 다양한 이들의 하루에 제가 녹아있죠. 나의 삶이 누군가의 소중한 하루 속에 녹아든다는 건 참으로 고맙고 감사한 일이에요. 이런 매력적인 직업이 무엇인지 정말 궁금하죠?

안녕하세요. 저는 하루 600만 명 시민의 발이 되어 불철주야 레일 위를 달리는 서울지하철 기관사 송다연이에요. 살아가면서 철도를 이용해보지 않은 사람은 거의 없을 거예요. 철도는 그만큼 우리 일상에서 흔히 만날 수 있는 가까운 존재이지만 대부분의 일반인들에게 기관사라는 직업은 친숙하지 않을 거예요. 더군다나 여성 기관사라니 정말 생소하죠?

pose!

저의 직업을 밝힐 때면 기관사가 맞는지 되물어 보시는 분들이 대부분이에요. 또 직업에 관해 얘기하다 보면 어떻게 이런 직업을 선택하게 되었는지, 어떻게 하면 기관사가 될 수 있는지에 대해 많은 질문을 받곤 해요. 아마 그 이유는 친숙하지 않은 기관사라는 직업에 관한 호기심과 더불어 기관사라는 직업에 관한 정보가 너무나도 부족하기 때문이라고 생각해요.

시중에 판매되는 수많은 직업 소개 책들 중 기관사에 관한 책은 전무해요. 너무나도 매력적이고 멋진 직업인데 알려지지 않아 항상 마음이 안타까웠어요. 그러던 중 기관사라는 직업을 알릴 수 있는 좋은 기회가 생겼죠. 이 책이 기관사를 꿈꾸는 많은 학생들에게 인생 계획의 이정표이자 등대가 되었으면 좋겠어요. 또한 관심이 없던 학생들도 기관사라는 직업의 매력에 푹 빠지게 되길 바라요. 수천 명 승객의 안전을 책임지는 기관사에 매혹될 준비 되었나요? 여러분의 밝고 따뜻한 미래에 도움이 되었으면 하는 설레는 마음을 담아 이 직업을 프러포즈해요.

어둠을 밝히는 지하철 기관사 송다연

첫
인
사

토크쇼 편집자 – 편

기관사 송다연 – 송

⊞ 먼저 자기소개를 부탁드려요.

송 안녕하세요. 저는 서울교통공사ᵍ ˢᵉ울도시철도공사에서 근무하고 있는 지하철 기관사 송다연이에요. 현재는 7호선에서 근무하고 있어요.

⊞ 이 일을 하신지는 얼마나 되셨나요?

송 저는 2014년 2월에 입사했어요. 일한 지는 햇수로 4년이 되어가고 있죠. 근무한 지 10년, 20년이 넘은 선배님들에 비해 경험은 많이 부족하지만 최근에 입사한 신입사원의 시각에서 진로를 고민 중인 학생들에게 보다 친숙하고 솔직하며 요즘 입사 경향에 맞춰 기관사에 대해 소개하고 싶어요.

⊞ 기관사라는 직업을 선택한 이유가 있나요?

송 직업을 선택한 이유는 단순했어요. 딱히 진로에 대해 생각하지 않았던 고등학생 때 부모님께서 먼저 기관사라는 직업을 권유해주셨어요. '우리 딸이 기관사를 하면 너무 멋질 거 같다'는 한마디로 시작되었죠. 그 당시 저에겐 너무 생소한 직업이라 궁금해서 인터넷으로 찾아봤어요. 그런데 알아볼수록 기관사라는 직업이 매력적이고 멋있어 보이더군요. 수천 명 승

객의 안전과 목숨을 책임지는 모습이 어린 나이에 정말 대단해 보였죠. 마치 영화 속에 나오는 영웅 같아 보였다고나 할까요? '나도 저런 멋진 사람이 되고 싶다'라고 생각한 그 순간부터 꿈을 키워나갔죠.

편 학생들에게 이 직업을 프러포즈하는 이유는 뭔가요?

송 세상의 수많은 직업 중에는 어떻게 일하는지, 그 직업을 가지려면 어떻게 해야 하는지 잘 모르는 직업들이 많아요. 기관사가 그 대표적인 예죠. 많은 사람들이 철도를 이용하기 때문에 기관사라는 존재를 인식하고는 있지만 실제로 기관사가 무슨 일을 하는지는 잘 모르더라고요. 심지어 열차에 자동차처럼 핸들이 있냐고 물어보는 친구들도 있었어요. 철도는 궤도를 따라 움직이기에 전진과 후진만 있어요 정말 멋지고 매력적인 직업인데 이 직업에 관한 정보가 없어서 늘 안타까웠어요. 실제로 저 역시 기관사가 되기까지 부족한 정보 때문에 많은 시행착오를 겪기도 했고요.

우선 일적인 면에서 기관사라는 직업은 정말 보람 있는 직업이에요. 하루에 수천 명 혹은 수만 명의 승객들의 안전을 책임지고 일하기에 느끼는 자부심 또한 굉장하고요. 가장 많은 승객이 이용하는 출퇴근 시간에 근무하다 보면 '이 많은 사람들에게 나는 꼭 필요한 존재구나'라는 생각이 들어요. 누군가에게 꼭 필요한 사람이라는 건 내가 그만큼 가치 있는 사람이라는 것이니까요. 수많은 사람들을 출근시키고 퇴근시키고, 연인들을 만나게 해주고, 가족들과 행복하게 이동하는 사람들을 보면 많은 사람들의 삶에 제가 이바지하는 거 같아 뿌듯해요.

기관사의 가장 큰 장점은 자기 시간이 많다는 거예요. 지하철 운행 업무를 마치고 나면 그 외의 시간은 온전히 본인을 위한 자유시간이거든요. 대부분의 직장인들이 회사에서 야간 근무 및 추가 근무를 하는데 기관사는 업무 특성상 일이 남아 야근을 하거나 쉬는 날에 출근을 해야 하는 경우가 없어요. 즉 정시 출근과 정시 퇴근이 가능하죠. 그렇기 때문에 업무를 마치면 추가 업무들로 인한 스트레스를 받을 일이 없고 개인 시간이 많기에 여행을 가거나 취미생활을 하는데 좋은 직업이에요.

또한 혼자 일하기에 직장 상사나 동료로 인해 스트레스를 받을 일이 없어요. 기관사는 본인의 운행을 마치면 일이 끝나는 지극히 개인적인 업무이기 때문에 직장 상사와 부딪힐 일이 거의 없다고 보면 돼요. 그러니 여럿이 함께 팀 프로젝트를 하는 것보다, 혼자 일하기 좋아하는 친구들에겐 특히 더 잘 맞는 직업이라고 할 수 있을 거 같아요.

　제가 이 직업을 프러포즈하는 이유는 미래의 꿈을 키우는 학생들에게 기관사라는 미지의 직업을 소개해주어 직업 선택의 시야를 조금이라도 넓혀주고 시행착오를 줄여주고 싶은 마음 때문이에요. 물론 이 책을 보고 기관사라는 꿈을 갖게 될 친구가 있다면 너무 뿌듯할 거 같고요. 만나게 되면 반갑게 인사해주세요. ^^

기관사란

편 기관사라는 직업에 대해 소개해주세요.

송 기관사란 여객 및 화물을 목적지까지 안전하게 수송해주는 사람을 칭해요. 여러분이 알고 있는 전철과 기차는 여객을 수송해주는 열차들이죠. 저는 이 여객을 수송하는 열차를 운전하는 기관사예요. 기관사는 단순히 열차 운전만 하는 사람이 아니에요. 열차 내 차량 고장이 발생할 경우 고장처치를 도맡아 정시 운행 및 안전 운행을 할 수 있도록 노력을 다하죠. 그뿐만 아니라 기관사는 관제사와의 운전 정보 교환을 통해 앞, 뒤의 열차 간격을 확인하고, 문제가 있는 선로나 역의 정보를 받아요. 그래서 운행 중 이례상황 발생 시 관제사에게 보고하고 조치해요.

선로마다 정해져 있는 속도코드와 다양한 종류의 신호현시Signal Indication, 형(形)·색(色)·음(晉) 등으로 열차 또는 차량에 대하여 운전할 때의 조건을 지시하는 것를 준수하여 열차 안전 운행에 힘써야 해요. 속도코드는 안전한 열차 운행 및 인명사고 예방을 위해 반드시 준수해야 하죠. 선로의 구배기울기와 곡선과 같은 조건에 따른 속도코드가 정해져 있으며 차량기지일종의 차량정비소로 차량의 유치, 열차 편성의 재조합,

정비·청소·검사·수선 등을 수행하는 곳 승강장, 세척선과 같이 장소에 따른
속도코드도 정해져 있어요. 마지막으로 비상 운전, 레일 침수,
차량 고장으로 인한 구원 운전차량 고장의 경우 다른 차량의 동력을 이용하거나, 고
장 차량을 회로에서 분리시켜 운전하는 것 같은 특수한 경우에 따른 속도코드가
있죠. 신호현시를 해주는 신호기의 종류에는 차내신호기, 입
환신호기, 진로개통표시기, 임시신호기 등 다양한 신호기들이
있죠. 신호를 어길 경우 대형사고로 이어질 확률이 높기 때문
에 반드시 준수해야 해요.

운행을 마치고 나면 열차 운행에 관련된 것뿐만 아니라 운
행하는 도중 선로나 기타설비에 이상이 있었다면 기관사 이례
상황 보고를 올려요. 뿐만 아니라 1인 승무를 할 경우 객실 내
응급환자 발생 시에는 응급조치를 하고, 객실 내 냉·난방 온
도조절을 하며 환승역 등에선 안내방송을 해요. 그 밖에 열차
가 차량기지에서 정비를 마치고 나오는 것을 출고라고 하는데
출고 시 약 한 시간 가량의 출고 점검을 해야 해요. 이러한 차
량 점검 또한 안전한 열차 운행을 위한 것이죠.

기관사는 교통수단 중에서도 가장 많은 승객을 취급하는
사람이에요. 비행기가 약 400명 정도, 버스가 약 50명 정도를
수송할 때 기관사는 약 2,500명의 승객을 혼자 수송하거든요.

열차 운전실에서 운전하는 모습

이렇듯 기관사는 단순히 운전 업무만을 하는 것이 아니라 승객의 안전과 쾌적한 이동을 위해 책임감을 갖고 보이지 않는 곳에서 힘쓰고 있어요.

편 최초의 기관사는 누구인가요? 어떻게 이 직업이 생겼는지 궁금해요.

송 글쎄요. 저도 최초의 기관사가 누구였는지는 모르겠어요. 하지만 철도가 처음 개통된 날은 알고 있죠. 1899년 9월 18일 제물포에서 노량진까지 약 33km 구간인 경인선이 개통된 날이에요. 이때 우리나라 최초의 기관사가 운전을 했겠죠? 비록 일본이 우리나라의 자원을 수탈하기 위해 만든 것이었지만 철도가 처음 개통된 날이기에 나름의 의미가 있다고 생각해요. 현재 9월 18일은 철도의 날로 지정되어 있어요. 하지만 일제의 잔재라는 지적이 있어 2018년부터는 6월 28일을 철도의 날로 변경한다고 하네요.

편 지하철의 역사도 궁금하네요.

송 서울지하철의 개통 순서를 바탕으로 알려드릴게요. 1974년 8월 15일에 지하철 1호선 개통기념식이 있었어요. 그 후 지하철 2호선 영업을 개시하여 승객들이 지하철을 이용하게 되었죠. 1984년 5월 22일 지하철 2호선 전 구간이 개통되었고,

1985년 10월 18일에는 지하철 3, 4호선 전 구간이 개통되었어요. 1995년 11월 15일에는 5호선이 개통되었고, 1996년 11월 23일엔 8호선이 개통되었어요. 2000년 8월 1일에 7호선 전 구간 개통식이 열렸고, 같은 해인 8월 7일에 6호선 개통식이 열렸어요. 9호선 1단계 강서 구간개화역~신논현역은 2009년 7월 24일에, 2단계 강남 구간신논현역~종합운동장역은 2015년 3월 28일에 개통되었어요. 3단계 종합운동장역~올림픽공원역은 2015년 3월 28일에 개통되었고, 올림픽공원역~보훈병원역(가칭)은 2018년 말에 개통될 예정이에요.

서울시 최초의 경전철인 우이경전철은 2017년 9월 2일 개통되었어요. 앞으로의 방침을 보면 10호선은 생기지 않고, 신규 노선들은 경전철로 대체될 것 같아요. 과거에는 1호선에서 4호선까지를 (구)서울메트로가, 5호선에서 8호선까지를 (구)서울도시철도공사가 운영했지만 2017년 5월 31일부터 서울교통공사로 통합해 운영 중에 있어요. 이러한 역사를 바탕으로 안전한 도시철도 및 편리한 교통서비스 제공을 위해 오늘도 지하철은 안전 운행되고 있어요.

편 기관사는 구체적으로 어떤 일을 하나요?

송 보편적으로 기관사는 차장과 함께 일을 해요. 두 명이서 일한다고 해서 이를 2인 승무라고 지칭하죠. 열차 맨 앞쪽 즉, 운전 방향 선두에 있는 운전실에 있는 사람이 기관사고 맨 뒤쪽 운전실에 있는 사람이 차장이에요. 둘은 파트너 같은 관계라 일하는 중에는 서로 간의 호흡이 중요하죠. 기관사는 열차 운행의 전반적인 업무를 맡게 돼요. 열차 안전 운행을 위한 정시 운행에 집중을 하고 열차 내 고장 발생 시 고장조치를 하는 업무를 맡고 있죠.

반면에 차장은 냉난방 취급 및 객실 내 안내방송, 객실에서 발생되는 기타 민원들에 대한 업무처리를 맡고 있어요. 여담으로 말하자면 서울교통공사 1호선에서 4호선 차장의 경우 차장으로 입사하여 경력을 쌓고 기관사로 발령을 받고, 코레일의 경우 차장은 역무 소속으로 기관사와 소속이 달라요.

하지만 모든 열차가 2인 승무로 운영되고 있지는 않아요. 서울 시내 지하철 중 1, 2, 3, 4호선을 제외한 호선과 다른 광역시의 지하철에선 기관사 혼자 일하는 1인 승무로 운영되고 있어요. 1인 승무란 차장 없이 기관사 혼자서 차장 몫까지 도맡아 업무처리를 하는 것을 말해요.

📕 근무 형태는 어떻게 되는지 궁금해요.

🟠 철도회사마다 약간의 차이는 있으나 큰 차이는 없기 때문에 근무 형태는 거의 비슷하다고 보면 돼요. 기관사는 업무 특성상 열차가 이른 새벽이나 늦은 저녁까지도 운행되기 때문에 교번 근무를 토대로 업무를 해요. 교번 근무란 기관사 근무 특성에 맞춰진 것으로 교대 근무와는 차이가 있어요. 저희 사업소 같은 경우에는 168일 주기로 되어 있어요. 168일 동안 출근 시간과 퇴근 시간이 모두 다르죠.

근무 순서에는 약간의 변형이 있지만 가장 기본이 되는 근무 순서는 주간, 주간, 야간, 비번, 휴무, 주간, 야간, 비번, 휴무 순이에요. 여기서 주간은 아침에 출근해서 저녁에 퇴근하는 것을 말하고 야간은 저녁에 출근하는 것을 지칭하며, 비번은 야간 출근 후 다음날인 아침에 퇴근하는 것을 말해요. 휴무는 말 그대로 출근하지 않고 온전히 쉬는 날이죠. 또한 기관사는 열차의 정시 운행을 위해 초와 분을 다투기 때문에 자연스럽게 출근 시간도 6시 36분, 8시 24분과 같이 분 단위로 세분

출근시간표

출근해서 도착 사인을 해요.

화되어 있어요. 퇴근 시간도 마찬가지로 세분화되어 있고요.

　평균적으로 회사에 머무는 시간은 열 시간에서 열두 시간 정도 돼요. 그날 근무 스케줄에 맞춰 일하고 하루 평균 약 150km 정도 운행을 해요. 한 번에 150km를 운행할 수 없기에 중간에 차에서 내려서 휴식을 취해요. 운행 업무를 전반과 후반으로 나누는데 전반사업을 하고 나면 평균 세 시간에서 다섯 시간 정도 휴식 시간을 갖고 후반사업을 시작하는 거죠.

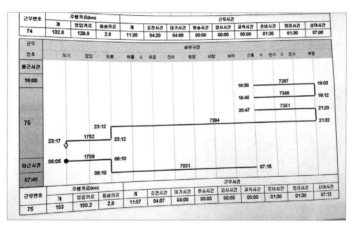

주간 근무 행로표와 야간 근무 행로표

휴식 시간에는 후반사업을 위한 휴양을 해요. 좋은 컨디션으로 일해야 안전 운행이 가능하기에 개인 취향에 따라 피곤하면 잠을 자고, 운동이나 TV 시청을 하는 등 자유로운 휴식 시간을 갖죠.

🔲 근무 교대는 어떻게 이루어지나요?

🔵 각 호선마다 사업소가 있어요. 제가 일하는 7호선에는 신풍역과 어린이대공원역 총 두 개의 승무사업소가 있죠. 사업소가 있는 역에서 대부분 교대가 이루어지도록 근무 스케줄이 짜여 있어요. 하지만 열차 이례상황이 발생하거나 기관사의 건강문제로 운행이 힘들 경우 관제사와의 운전 정보 교환을 통해 예외적으로 다른 역에서 근무를 교대할 수도 있어요. 또한 기관사는 근무 교대 시간 10분 전에 교대하는 곳 승강장에 미리 도착해야 해요.

🔲 1인 승무제에 대한 생각은 어떤가요?

🔵 1인 승무를 하다 보면 모든 일을 혼자 처리해야 하기 때문에 업무 시 더욱 주의와 집중이 필요해요. 더불어 열차사고 발생 시 기관사는 홀로 객실 내 안내방송, 승객대피뿐만 아니라

열차 고장처치를 해야 하기 때문에 부담감이 높고, 승객 동요 방지에 취약해 2차 사고가 발생할 위험도 높죠. 즉 2인 승무에 비해 스트레스나 업무 강도가 높다고 할 수 있어요. 그렇기 때문에 기관사들 대다수가 2인 승무를 선호해요.

이쯤 되면 궁금하실 거예요. 왜 1, 2, 3, 4호선은 2인 승무를 하고 나머지 호선은 1인 승무를 하는지에 대해 말이에요. 2인 승무를 하는 1, 2, 3, 4호선은 열차가 10량_{열 개의 칸}으로 길고, 만들어진 지 오래된 시스템이라 2인 근무가 알맞으며, 비교적 최근에 지어진 5, 6, 7, 8호선 및 다른 호선들은 열차가 비교적 짧고 경영 효율화에 맞춰 시스템이 1인 승무에 맞게 설계되어 있어 다르게 운행되고 있어요. 다만 업무 강도를 감안하여 1인 승무를 하는 곳에는 수당 등으로 보상을 해주고 있어요. 여러분들이 아는 KTX도 20량짜리와 10량짜리가 있지만 기관사는 한 명이에요.

편 현역에 있는 기관사의 남녀비율은 어떻게 되나요?

송 제가 일하고 있는 신풍승무사업소는 현재 168명의 기관사가 있어요. 그중에서 여성 기관사는 8명에 불과해요. 비율로 따지자면 4퍼센트 정도 될 거예요. 하지만 저희 사업소는 다른 사업소에 비해 여성 기관사가 많은 편이죠. 대부분의 승무사업소에 여성 기관사들은 5명 이내거나 여성 기관사가 아예 없는 사업소도 있어요. 서울교통공사에는 약 2,000명의 기관사가 있는데, 그중 2퍼센트 정도가 여성 기관사예요. 비율로 보면 여성이 굉장히 적은 직업이라고 볼 수 있죠.

편 여성 기관사만의 장점이나 단점이 있을까요?

송 대체로 여자들이 남자들보다 조금 더 세심하고 섬세하다고 하잖아요. 힘을 쓰는 게 아니라 여러 복잡한 기기들을 취급하는 것이기에, 아무래도 그런 점들이 업무를 할 때 장점으로 작용되는 것 같아요. 단점이라면 교번 근무를 처음 하다 보니 업무 초반에 체력적으로 힘들더라고요. 그래서 운동을 하기 시작했어요. 운동을 하면서 체력이 좋아지고 자연스럽게 근무

후 겪는 피로감도 줄어들었어요. 입사 전에는 운동을 전혀 하지 않았는데, 입사 후 꾸준히 운동을 하다 보니 오히려 건강에 더 신경을 쓰고 체력도 향상된 거 같아요. 일거양득이라고나 할까요.

편 여성 기관사이기 때문에 일하면서 어렵거나 힘든 경험이 있나요?

송 실제로 제가 기관사 일을 하면서 가장 많이 받은 질문이기도 해요. '여자가 일하기엔 힘든 직업이 아니냐?'라는 질문 말이죠. 일에 있어 힘듦의 척도를 성별로 기준을 잡는 건 잘못되었다고 생각해요. 똑같은 근무를 하는데 남자라서 더 쉽고 여자라서 더 힘들진 않겠죠. 사람마다 컨디션에 따라 다를 순 있어도요. 저는 그 일에 대한 열정과 자부심의 크기에 따라 직업의 애착도가 달라진다고 생각해요. 애착도가 높으면 힘든 일이어도 힘들지 않고 애착도가 낮으면 아무리 쉬운 일이어도 하기 싫을 테니까요.

또한 성별에 개의치 않고 개인의 능력과 역량에 따라 평가받는 시대가 도래했다고 생각해요. 제가 회사에 입사했을 때 기존에 있던 여성 기관사 선배들이 훌륭하게 일해 왔고, 후배들이 더 나은 환경에서 일할 수 있게 길을 닦아놨어요. 멋진 선배들을 보면서 저도 후에 들어올 많은 후배들에게 좋은 귀감이 될 멋진 선배가 되고 싶다는 생각을 자주 해요. 철도에 대해 관심이 많고 애정이 있는 분이라면 성별과 상관없이 충분히 할 수 있는 일이니 진로를 고민 중인 학생들에게 추천하고 싶어요.

외국의 기관사와 다른 점이 있을까요?

편 외국의 기관사와 다른 점이 있을까요?

송 자세히는 모르지만 철도시스템 체계는 세계 어느 나라나

큰 차이 없이 거의 비슷할 거예요.

편 기관사의 수요는 많은가요?

송 이건 정확하게 말씀드릴 수 없을 거 같아요. 기관사가 속해있는 회사는 대부분 공기업이기 때문에 정치적인 영향을 많이 받고, 그 해의 정책이나 정부방침에 따라 수요가 많이 달라지거든요. 예를 들어 정년이 연장된다든지, 적자를 개선하기 위해 열차 운영횟수를 줄이게 되면 그 해에는 기관사의 수요가 적을 것이고, 연장 구간이 생겼다든가, 그 해에 퇴직자들이 많을 경우에는 수요가 급증하겠죠.

실제로 2000년대에는 거의 채용이 없다시피 했다가 2010년 이후론 거의 매년 회사마다 채용을 하고 있어요. 정부 정책에 따라 요즘은 갈수록 많이 뽑고 있고요. 저의 개인적인 생각이지만 계속해서 철도 노선을 확충하고 있고, 경전철 등 철도회사가 많아지고 있어 기관사의 수요가 많을 거라 생각해요. 그리고 포스코나 현대제철과 같은 제철소에서도 화물 운송을 위해 기관사를 채용하고 있어요.

편 현역에 있는 기관사는 몇 명인가요?

송 현재 서울교통공사에는 약 2,000명의 기관사와 약 1,000명의 차장이 있어요. 차장은 업무경력이 쌓이고 기관사 공석이 발생하게 되면 정식 기관사가 되기 때문에 잠재적 기관사로 볼 수 있죠.

편 이 직업만의 매력과 장점은 무엇인가요?

송 첫 번째로 기관사가 속해있는 대부분의 철도회사는 공기업이기 때문에 고용의 안전성을 보장받을 수 있다는 점이 가장 큰 장점이 아닐까 싶어요. 사회가 고령화로 접어들면서 소득이 적정하고 오래 일할 수 있는 공무원이나 공기업을 선호하게 되었잖아요. 정년까지 정리해고 걱정 없이 일할 수 있는 게 가장 큰 장점이죠.

두 번째로 기관사는 혼자서 업무하기 때문에 직장상사로부터 스트레스 받을 일이 없어요. 또한 영업을 하는 게 아니기 때문에 남한테 부탁하거나 아쉬운 소리를 해야 할 이유도 없고, 실적에 관한 스트레스나 압박을 받을 일도 없죠. 내게 주어진 업무를 마치고 나면 하루 업무에 관한 이상 유무를 보고하고 바로 퇴근하기 때문에 직장상사로부터 눈치 볼 일이 전혀 없어요. 아직 사회생활을 하지 않은 학생들은 모르겠지만 이점은 정말 큰 장점이에요. 실제로 대기업에서 일하다가 기관사로 이직한 선배들 얘기를 들어보면 전에 회사에서 겪었던 직장상사와의 스트레스가 여기서는 없어 정말 행복하다고 얘기하더라고요.

세 번째로 업무의 연장선이 없어요. 기관사는 출근해서 퇴근할 때까지 열차 운행을 안전하게 끝마치면 추가적인 업무를 할 필요가 없어요. 많은 직장인들이 휴가를 받아도 마음이 불편하다고 하죠. 휴가를 마치고 오면 내가 해야 할 업무가 많이 쌓여있거나, 휴가를 쓰는 동안 누군가가 나를 대신해 추가적 업무를 해줘야 하기 때문이죠. 심지어 휴가 중에도 계속 업무 관련 전화가 오기도 하고요. 하지만 기관사는 그런 걱정이 없어요. 별다른 이상 없이 근무 교대를 하면 내 일은 끝나기 때문이죠. 하지만 기관사도 예외적으로 추가로 근무할 수는 있어요. 열차사고가 발생했을 경우는 말이죠. 이건 이례적인 경우니 예외로 두는 게 낫겠죠? 또한 신입사원도 눈치 안 보고 자유롭게 원하는 때 휴가를 쓸 수 있어요. 본인에게 주어진 휴가를 소진해서 쓰는 것이기 때문에 눈치 볼 이유도 없고요. 근무 형식 자체에 대기 기관사가 있기 때문에 휴가 사용이 자유롭죠. 하지만 설날이나 추석처럼 휴가자가 많은 명절 때는 사다리 타기나 추첨 등으로 휴가자를 정하기도 해요.

네 번째로 개인적인 시간이 많아요. 기관사는 교번 근무를 하기 때문에 건강관리에 유의한다면 개인 여가생활에 집중할 수 있는 좋은 직업이죠. 그뿐만 아니라 교번 근무를 하기 때문에 기관사 대부분이 남들이 여행가는 성수기를 피해 비수기에 여행을 많이 가요. 경비도 절약할 수 있고 어딜 가도 붐비지 않으니 여유롭게 여행할 수 있는 장점이 있죠. 입사한 후 주말에는 상상도 못할 평일의 썰렁한 놀이공원에 가서 멀미가 날 때까지 실컷 놀이기구를 타고 온 게 생각나네요. 개인 시간이 비교적 많으니 개인역량 발전을 위한 공부나 운동 및 취미

생활에 전념하는 분들이 많아요. 더불어 가족들과 시간을 많이 보낼 수도 있어요. 저는 어렸을 때 아버지가 일하시느라 너무 바쁘셔서 가족여행을 자주 가지 못했거든요. 하지만 가정을 꾸린 기관사 선배들을 보면 가족들끼리 여행도 자주 다니고 아이들을 학원에 데려다 주거나 직접 등하교를 시키기도 해요. 가족들과 시간에 구애받지 않고 행복한 시간을 보내면서 추억을 쌓을 수 있다는 건 이 직업의 정말 큰 장점인 거 같아요.

편 이 직업의 단점에 대해 알려주세요.

송 첫 번째로 기관사는 홀로 일하는 직업이기 때문에 책임감이 막중해요. 열차 운행에 관한 책임을 기관사 혼자 짊어지고 있기 때문에 그로 인해 오는 부담감도 상당하죠. 기관사는 선후배 관계가 있긴 하지만 서로의 업무에 관해 터치하진 않아요. 20년 넘은 선배도, 갓 입사한 신입사원도 똑같은 일을 하기 때문이죠. 쉽게 말하면 자신의 업무시간은 오로지 나 혼자 책임을 져야 하고 그러기 위해선 차량과, 규정 공부를 열심히 익혀 프로가 되어야 하기에 책임감이 막중하죠.

두 번째로 고도의 집중력을 요하는 일이기 때문에 육체적으로나 정신적으로 많이 피곤해요. 열차가 움직이는 순간부터 항상 위험요인에 노출되기 때문에 열차 운행 시 엄청난 집중력을 요하거든요. 나의 집중력이 수많은 승객들의 안전과 직결되기 때문에 한순간도 집중을 하지 않을 수 없어요. 실제로 출입문 취급 시 눈을 잠깐 깜빡이는 사이에도 사람이 뛰어오면 그 잠깐 사이에 문에 낄 수가 있어요. 교대해서 운전실에 들어온 순간부터 내릴 때까지 항상 긴장하고 집중해야 하죠.

세 번째로 공황장애가 찾아올 수 있어요. 대부분의 전철은 지하에 있죠. 어두운 터널 속에서 오랜 시간 혼자 일하기 때문에 기관사라면 누구나 걸릴 수 있는 질병이에요. 실제로 몇몇 기관사들 중에 공황장애로 전직을 한 분들도 있고, 공황장애로 사망한 선배도 있어요. 정말 너무 마음이 아프죠. 기관사들이 가장 무서워하는 질병 중 하나에요. 이를 극복하기 위해 꾸준히 운동하고 쉬는 날에는 야외생활을 많이 하라는 조언을 입사 초기에 선배들을 통해 많이 들었어요. 실제 회사에서 일하는 선배들 중 대다수가 건강관리를 위해 운동을 한 개 이상씩 하고 있어요. 실제로 안 좋은 일이 있거나 기분이 우울한 날에 세 시간 이상 어두컴컴한 지하에서 근무하고 있으면 더 우울해져요. 그래서 더 의식적으로라도 밝은 생각을 하고 밝게 생활하는 게 좋아요.

네 번째로 교번 근무로 인한 건강악화를 얘기하고 싶어요. 앞서 장점에 교번 근무로 인해 개인 시간이 많다고 얘기했지만 반대로 교번 근무를 하면서 건강을 잃고 있는 분들도 있어요. 이게 참 양날의 검인 것 같아요. 그래서 무엇보다 건강관리에 최선을 다해요. 기관사는 간호사나 호텔리어와 다르게 잠을 아예 못 자진 않아요. 그래서 피로도가 비교적 덜하지만 기관사 근무 자체가 불규칙적이기 때문에 생활리듬이 많이 깨지거든요. 규칙적인 운동이나 생활을 하지 않으면 사람이 무기력해지고 면역력이 떨어질 수 있어요. 또 열차 운행은 새벽 시간을 제외하고 항상 운행 중에 있기 때문에 근무 시간이 맞지 않으면 식사를 제때 먹을 수가 없어요. 그래서 현장에 있는 기관사들 중에는 위가 안 좋은 분들이 많아요. 불규칙한 생활 속에 식사 시간 또한 불규칙하기 때문에 몸이 버티지 못한 것이죠. 그래서 저는 배고프지 않아도 식사 시간이 애매할 것 같으면 미리 챙겨 먹어요. 또한 일반인들은 토요일과 일요일, 공휴일에 쉬지만 기관사들은 교번 근무를 하기 때문에 이런 날에도 근무할 가능성이 높아 주말 모임에서 빠지게 될 일도 많아요.

다섯 번째로 업무 특성상 업무 중에는 화장실을 가지 못하기 때문에 근무 중이나 근무 전날에는 어느 정도 식단조절이 필요해요. 장이 안 좋은 사람들은 스트레스를 많이 받는 부분이기도 하죠. 저 또한 근무 전날에는 자극적인 음식은 피하고 있어요. 보통 마지막 역에는 간이화장실이 설치되어 있어서 이용하기도 해요.

제가 말한 장점과 단점은 절대적이지 않아요. 예를 들어

혼자 일하는 게 단점이라고 했지만 여러 명과 일하는 게 불편한 사람은 그것이 단점이 아닌 장점이 될 수 있겠죠. 제가 얘기한 장점과 단점을 비교해보고 본인의 성향과 맞는다면 기관사라는 직업을 천직으로 삼을 수 있을 거예요. 저 또한 제가 열거한 단점들을 잘 극복하려고 하며 장점을 최대한 많이 누리기 위해 노력 중이에요.

편 미래에도 기관사는 필요한 직업인가요?

송 저도 근래 들어서 미래에 관한 생각을 종종 하곤 해요. 인공지능이 수천 년 인간의 바둑 역사를 새로 쓰고 있으며 자율주행차가 도로를 주행하는 뉴스를 볼 때마다 '기관사라는 직업이 미래가 밝은 직업일까?', '시대의 흐름 속에 도태되어 없어지는 직업이 아닐까?'라는 생각을 하곤 하죠. 이점은 학생들이 직업을 선택할 때 너무나도 중요하고 당연한 질문이라고 생각해요.

현업에서 일하다 보면 많은 승객들이 열차를 이용해요. 특히 출퇴근 시간, 일명 러시아워라고 하죠. 그때는 정말 많은 승객들이 열차에 승차하고 하차해요. 거의 각 역에 한 개씩 열차가 운행되고 있다고 보면 돼요. 출입문을 닫겠다고 수차례 방송해도 무리하게 승차하려는 승객들 때문에 지연이 많이 되죠. 만약에 이런 상황에 열차가 무인운전을 하게 된다면 즉 시스템에 의해서만 운행이 된다면 어떨까요? 인명사고가 반드시 일어날 수밖에 없을 거예요. 또한 수많은 사람들이 이용하기에 빈번하게 응급환자가 발생해요. 예상치 못한 차량 고장도 많이 발생하고 있고요. 이런 상황에서 현장에서 가장 빨리 대응할 수 있는 사람은 기관사뿐이죠. 저의 개인적인 소견이지만 향후 몇십 년까지는 지하철이라는 대중교통이 외면받지 않는 이상 기관사라는 직업은 승객의 안전을 위해서 꼭 필요하다고 생각해요.

편 무인운전 시스템 같은 기술의 발전으로 이 직업이 없어지진 않을까요?

송 물론 저도 위와 같은 대답을 하면서 이런 질문을 받게 될 거라고 예상했어요. '본인이 그 직업에 종사하고 있으니 너무 긍정적으로 바라보는 게 아닌가?', '현재 무인운전을 하고 있는 경전철은 어떻게 설명할 것인가?'라는 질문을 말이죠. 그 점에 대해서도 설명하고 싶어요. 무인운전을 하고 있는 경전철의 경우에도 각 역마다 안전요원이 배치되어 있어요. 안전요원이란 역의 직원이자 그 역의 비상상황 발생 시 출동하여 안전조치를 할 수 있는 능력을 가진 분들이에요. 또한 회사마다 다르지만 경전철에 기관사처럼 탑승해서 내부를 순찰하는 안전요원도 있어요. 이분들은 기본적으로 기관사와 동일한 철도차량운전면허를 취득한 분들이에요.

이처럼 향후 경전철이나 무인운전이 급증하여 기관사가 사라진다고 한들 안전을 위해 역마다 안전요원은 필수일 수밖에 없어요. 무인운전을 하는 경전철이 급증한다면 그에 따른 안전요원 수요가 증가하겠죠? 그럼 기존에 일하던 기관사를 안전요원으로 대체하게 될 거에요. 회사 차원에서도 현장경력이 있는 기관사들을 쓰고 싶어 할 테니까요.

기관사의 세계

편 기관사가 일하는 곳은 어디인가요?

송 대부분의 직장인은 회사에 가면 책상, 의자, 노트북 같은 것들이 있는 개인 업무공간이 있어요. 하지만 기관사에게는 그런 것들이 없어요. 사업소에선 개인 자리 대신 공용 점호 테이블이 있고, 그곳에서 출근 점호를 받아요. 학생으로 비유하면 잠시 교무실에 가서 교무실 테이블에서 선생님과 상담하고 나오는 걸 생각하면 되겠네요. 열차 운전실이 기관사가 일하는 곳이죠.

편 지하철기관사와 철도기관사는 어떻게 다른가요?

송 지하철기관사는 우리가 자주 접하는 열차를 운전하는 사람이에요. 여기서 말하는 열차란 1호선에서 9호선, 공항철도 등을 일컫죠. 지하철기관사는 여객수송을 주된 목적으로 해요. 반면에 철도기관사는 더 큰 열차를 운행하는 사람이라고 보면 돼요. KTX, SRT, 새마을호, 무궁화호, ITX, 화물열차 등이 있죠. 철도기관사는 여객수송뿐만이 아니라 화물수송도 함께 하고 있어요. 사실 두 가지 명칭을 나누어 지칭하지는 않아요. 철도기관사가 전체집합이라면 지하철기관사는 부분집합 같은 개념이거든요.

📱 우리나라 철도회사는 어떤 곳이 있나요? 공기업인지 사기업인지도 궁금해요.

🔲 대부분의 사람들은 철도회사는 코레일만 있는 줄 알고 있

어요. 하지만 생각보다 많은 철도회사가 있어요. 현재 서울교통공사에서는 1~8호선과 9호선 2~3단계^{신논현~보훈병원}를 운영 중에 있으며 그중에 1~4호선은 코레일과 함께 운영 중에 있죠. 기차나 화물열차, KTX는 코레일에서 운영하고 있어요. 그 밖에 인천교통공사, 대구도시철도공사, 대전도시철도공사, 광주도시철도공사, 부산교통공사가 있어요. 앞서 말한 회사들은 모두 공기업이에요. 코레일은 국토교통부 산하의 중앙공기업이고 나머지 회사들은 지방공기업이에요. 공기업이 아닌 철도회사들도 있어요. SRT를 운행하는 SR^{수서발 고속철도로 공공기관 지정 검토 중}, 공항철도, 신분당선, 9호선 1단계^{방화~신논현}뿐만 아니라 경전철을 운영하는 철도회사들은 사기업이에요. 이런 다양한 철도회사가 있기 때문에 기관사 자격증^{철도차량운전면허증}을 취득한 후 본인이 원하는 곳을 선택하여 취업할 수 있어요.

편 응급상황에 대처하는 매뉴얼이 있나요?

송 물론이에요. 기관사는 입사하는 순간부터 응급상황 매뉴얼을 숙지해야 해요. 단독 근무를 하기 전까지 필기와 실기평가를 끊임없이 볼 뿐만 아니라 현장에 발령받아 기관사로 일하면서도 분기별로 안전교육을 받아야 하죠. 이러한 교육을 받을 때마다 고장상황 대처 매뉴얼을 재숙지하고 교육 후 평가도 받아요. 더불어 회사에서도 일정 기간마다 매뉴얼을 리뉴얼해 재공급해줘요. 큰 틀은 바뀌지 않지만 그 해에 큰 사고가 발생했거나 자주 발생하는 사고를 중점적으로 다루어 기관사들이 조금 더 편하게 숙지할 수 있도록 해놓았죠. 기관사들은 이러한 매뉴얼 책자를 근무 가방에 가지고 다니면서 틈틈이 읽어보고 끊임없이 반복 숙지를 해요. 더불어 이미지 트레이닝^{Image Training, 머릿속에서 이미지를 그리면서 연습하는 것으로 실제의 연습과 병용함으로써 효과를 나타내나 단독으로는 효과가 적음}을 통해 숙지 후 다음번에 있을 안전교육에서 실제로 연습을 하죠. 이러한 모든 것들은 실제 현장에서 당황하지 않고 신속 정확하게 승객의 안전을 도모하고 조치할 수 있게 해줘요.

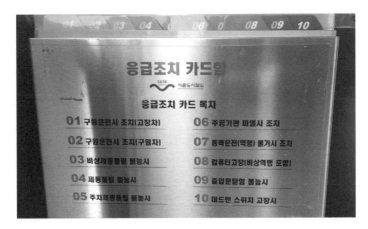

차내에 비치된 응급조치 카드함

회사에서 제공하는 고장대처 매뉴얼

편 근무 가방을 들고 다닌다고 하셨는데 뭐가 들어 있는지 궁금해요.

송 기관사들은 열차 운행 업무 시 열차운전시각표와 승무일지, 휴대용무선전화기, 전동차 응급조치 매뉴얼, 개인임무카드 및 기타 필요한 휴대용품을 항상 들고 다녀요. 기타 필요한 휴대용품으로는 물이나 휴지, 마스크, 장갑, 이례상황 기록을 위한 수첩 등이 있죠. 또 기관사 대부분이 불규칙한 근무 시간 때문에 식사를 제때 챙겨 먹지 못하니 간단한 간식을 가방에 지니고 다니는 경우가 많아요. 야간 근무 시 예민한 분들은 안대나 귀마개 등을 챙기기도 하고요. 본인이 짜놓은 안내방송 문안을 가지고 다니는 분도 있어요. 그리고 언제 갑자기 비가 올지 모르기 때문에 우산을 늘 챙겨야 해요. 저 같은 경우에는 여름에 오랜 시간 근무하면 열차 냉방으로 인해 체온이 내려가서 카디건을 가지고 다니기도 하죠.

개인임무카드(신풍승무사업소)

직책 : 기관사   성명 : 송다연

구분	내용
이례 상황 [공통]	① 운전관제 상황보고(E채널), 열차방호 요청 ② 안내방송 지시(1인승무 안내방송) ③ 현장출동 및 초동조치 ※ 운전실 아석시 휴대용무전기 반드시 지참(공통) ④ 안전한 장소로 승객대피 유도 ⑤ 운전관제 사고조치사항 보고, 이후 관제 지시 수명
화재 발생	① 운전관제 즉시 보고(E채널) 및 열차방호 요청 ② 다음역 운행원칙(정거장간 운행시) ③ 안내방송 지시(1인승무 안내방송) ④ 현장출동, 초기소화 실시 필요시 승객대피 유도 ※ 역 화재시 정차 또는 통과여부 관제지시 받음 ⑤ 운전관제 사고조치사항 보고, 관제지시 수명
열차 탈선	① 운전관제 즉시 보고(E채널) 및 열차방호 요청 ② 안내방송 지시(1인승무 안내방송) ③ 현장출동(인접선로 지장 및 횔선정도 파악) ④ 승객대피 유도 ⑤ 운전관제 사고조치사항 보고, 관제지시 수명
열차 충돌	① 운전관제 즉시 보고(E채널) 및 열차방호 요청 ② 승객대피 안내방송 지시(1인승무 안내방송) ③ 현장출동(피해상황 및 인접선로 지장 여부 파악) ④ 승객대피 유도 ⑤ 운전관제 사고조치사항 보고, 관제지시 수명
자연재해 [침수/강풍, 태풍/지진]	① 상황시 즉시 일단정차 후 운전관제 즉시 보고 (E채널), 열차방호 요청 ② 안내방송 지시(1인승무 안내방송) ③ 역 정차중인 경우 출발 대기, 운행중인 경우 주의 ④ 운전 및 운행중지 ④ 승객유도 대피 ⑤ 운전관제 현장상황 수시보고, 관제지시 수명
비상 연락	운전관제 : 운 용 실 : 지 도 실 : 소 장 : 승무P/L : 지도부장 :

골든타임 단계별 매뉴얼

직책 : 기관사   성명 : 송다연

구분	내용
5분 이내	■ 운전관제 상황보고(E채널), 열차방호 요청 ※ 정거장간 운행시 다음역까지 운행함을 원칙 ■ 안내방송 지시(승조간 상황 정보교환) ※ 1인승무 안내방송 실시 ■ 현장출동(피해상황 파악) 및 초동조치 ※ 휴대용 무전기 반드시 지참 ■ 열차방호 확인 후 가장 안전한 장소로 승객 대피 유도(터널내 정차시) ■ 역 화재시 등 비상상황시 정차 또는 통과여부 관제지시 받음
5분 이후	■ 승객대피 유도 안내(터널내 정차시) ※ 출입문 및 운전실 비상사다리 이용 ■ 부상자 구호 및 지원(119 등 유관기관 협조) ■ 운전관제 사고조치사항 보고, 관제지시 수명 ※ 피해 및 복구상황 등
상황종료	■ 관제 지시에 따라 이후 상황 조치 ■ 회송(구원연결) 준비 등 ■ 차장, 관제 및 유관기관과 연락, 협업 유지
비상연락	운전관제 : 운 용 실 : 지 도 실 : 소 장 : 승무P/L : 지도부장 :

□ 테러발생시 개인임무카드(기관사)

구분	내용
H+5분 이내	① 운전관제 급보(열차방호 요청) ② 승객상황 전파, 해당 차량 외의 다른 칸으로 이동할 것을 승객에게 안내방송 실시 ⇒ 불가시 확성기 및 무정전방송장치 사용 ③ 현장상황 파악 후 관제 통보 ④ 운행가능시 역 도착 즉시 출입문 개방 ※ 다음역까지 운행함을 원칙으로 한다. ※ 운행불가능시 열차방호 조치 확인 후 전, 후 비상사다리 및 출입문을 통해 신속히 대피할 수 있도록 한다. ⑤ 개인휴대품 휴대(착용)하고 역장과 협의하여 승객을 안전한 장소로 대피 유도 ⑥ 종합관제센타에 사고조치 사항을 통보하고 이후의 운전지시를 받음.
H+5분 ~ H+30분	○ 승객 대피 유도 및 안내방송 수시 실시 ○ 안전한 대피방향 안내 및 대피유도 지속 실시 ○ 사상자 구호 및 지원 ○ 피해현황 및 사고 상황 추가 보고
H+30분 ~ 종료시	○ 승객 대피 유도 및 안내방송 지속 실시 ○ 사상자 구호 및 지원 ○ 피해현황 및 사고 상황 추가 보고

기관사가 늘 소지하고 다니는 개인임무카드

편 기관사의 일과는 어떻게 되나요?

송 1인 승무를 하고 있는 기관사의 하루 일과를 주간 근무와 야간 근무로 나누어서 알려드릴게요. 우선 주간 근무인 날은 아침 6시 30분부터 오후 12시 30분까지 총 45차례 출근 순서로 나누어져 있어요. 이를 기반으로 기관사 본인의 당일 스케줄에 맞춰 출근해요. 출근해서는 유니폼으로 갈아입고 아침 점호를 받아요. 아침 점호 때는 본인이 타게 될 열차의 이례사항에 대해 보고받고 전날 사고가 발생했다면 사고에 관한 브리핑을 듣죠. 또한 운전하게 될 선로 구간에 공사계획이 있는지, 폭우나 폭염이 예상된다는 것과 같은 열차 운행에 필요한 전반적인 내용을 듣고 업무에 참고해요. 더불어 기관사는 열차 운행에 차질이 없는지와 건강 이상 유무에 대해 보고하고 음주측정기로 음주측정을 하여 이상이 없으면 아침 점호는 끝나요. 아침 점호가 끝나면 열차 운행을 하러 가죠.

보통 전반사업, 후반사업 두 번으로 나뉘고 하루 평균 운행 시간은 다섯 시간이 조금 안 되는 정도에요. 열차 운행을 하러 승강장에 가면 교대 기관사로부터 열차를 받아요. 그때 교대하는 기관사는 해당 열차에 관한 특이점을 보고해요. '열차의 제동이 늦게 잡힌다', '차내 냉방기 중 두 번째 냉방이 약해 조치 예정에 있다', 'ㅇㅇ역에서 유실물을 받으러 역직원이 내려올 예정이다'와 같은 내용을 전달받고 열차 운행에 참고하는 거죠. 운행할 열차에 승차하고 나면 역전기열쇠, 출입문열쇠, 배전반열쇠, 운전실열쇠 등 운전용품 상태를 확인해요. 더불어 안내방송 음량을 내 목소리에 맞게 조절하죠. 또 냉난방기가 적절히 가동 중에 있는지, 차내 승차율이 어느 정도 되는지 등을 확인한 후 출입문과 안전문^{스크린도어, Platform Screen Door, 지하철}이나 경전철 승강장 위에 고정벽과 자동문을 설치해 차량의 출입문과 연동하여 개폐될 수 있도록 만든 장치을 닫고 출발해요.

기관사는 역에 도착하면 가장 바빠져요. 짧은 시간 동안 확인해야 할 것이 많거든요. 우선 가장 먼저 열차가 정위치에 정차했는지를 확인해요. 그 후 출입문이 제대로 열렸는지, 안전문은 정상 작동 중인지를 확인하죠. 그리고 승객의 승하차를 확인한 후 출입문을 닫겠다고 안내방송을 해요. 그 후 출입문을 닫고 출입문 닫힘 상태를 확인한 후, 안전문 닫힘 상태를 확인하죠. 마지막으로 승객이나 기타 물건 등이 열차에 끼어 있지는 않은지 승강장을 확인한 뒤 이상이 없으면 열차가 출

안전문

발해요. 이러한 업무를 모든 역마다 반복해서 하는 거죠.

열차가 승강장에 도착하고 나서부터 출발하기 전까지 사고 발생률이 가장 높기 때문에 기관사는 이때 고도의 집중력이 필요하며 한시라도 CCTV에서 눈을 뗄 수가 없어요. 잠시라도 한눈을 팔게 되면 열차 출입문에 승객이 끼이거나 기계 오취급을 할 가능성이 높아지니까요. 이렇게 종착역에 도착하면 종착역 안내방송을 시행한 뒤 회차선에 들어가요. 회차선이란 기관사가 운전실을 교환하기 위해 만들어 놓은 선로예요. 이곳에 열차를 정차시켜 두고 기관사는 앞 운전실에서 뒤 운전실로 이동하죠. 그리고 다시 영업열차로 내려오는 거예요. 즉 상선 방향 운행열차가 하선 방향 운행열차가 되어 재운행 되는 것이죠. 이렇게 다시 하선 방향 운행열차가 되어 다른 기관사와 교대할 역까지 운행하고 교대 기관사에게 해당 열차 이례사항 및 운전명령사항에 대해 보고해주면 전반 업무가 끝이 나요.

이후 다시 사업소로 돌아와서 운행한 열차에 이상이 있었는지를 보고하고 이례사항이 있으면 기관사 이례상황에 기록해요. 이를 마치면 휴식 시간을 갖게 되죠. 이 시간 동안 대부분의 기관사들은 식사를 하고 다음 후반사업을 탈 때까지 휴식을 취해요. 업무특성상 근무 중에 고도의 집중력을 요하기 때문에 충분한 휴식을 취해줘야 다음 후반사업에 지장을 받지 않아요. 쉴 때만큼은 정말 자유롭게 휴식 시간을 보내요. 사람에 따라 잠을 자거나 운동을 하기도 하죠. 약 세 시간에서 다섯 시간의 휴식 시간을 갖고 난 후 후반사업을 다시 시작해요. 후반사업 역시 전반사업과 동일하게 근무하죠. 후반사업이 끝난 후 그날 하루 운행한 열차에 관한 이상 유무를 보고하는 종료 점호를 해요. 종료 점호 시 운행한 열차의 이례상황에 대해

보고하고 그날 있었던 다른 열차사고 사례를 브리핑 받아요. 더불어 다음 출근 스케줄을 확인하죠. 이를 끝으로 기관사의 업무는 완벽하게 끝이 나요.

이제 야간 근무에 대해 알려드릴게요. 야간 근무는 오후 4시 30분부터 저녁 9시 30분까지 총 30차례 출근 순서로 나누어져 있으며 당일 본인 근무 스케줄에 맞게 출근해요. 주간 근무와 근무 패턴은 거의 동일하고요. 다만 차이가 있다면 전반사업이 끝나고 난 후 차량기지나 주박지^{아침 첫 열차를 운행하는 역}에서 잠을 잔다는 것이죠. 잠을 잔 후 다음날이 되면 그날을 비번 근무라고 칭해요. 비번 근무 날에는 후반사업을 하게 되죠. 즉 자고 일어난 차량기지나 주박지에서 아침에 업무를 연이어 시작하는 거예요. 흔히 여러분이 출근 시간에 타는 열차들은 차량기지나 주박지에서 자고 일어나 연이은 업무를 하는 기관사가 운행할 확률이 높아요. 또한 아침 기상 시간은 새벽 4시부터 아침 8시까지 다양하고 평균 취침 시간은 다섯 시간 정도 돼요. 이 또한 그날 스케줄에 맞춰진 시간대로 움직이는 거죠.

비번 근무 날 아침에 후반사업을 시작 할 때는 차량 정비인 출고 점검을 해야 해요. 출고 점검이란 이 열차가 운행하기 적합한 상태인지를 점검하는 행위라고 설명할 수 있어요. 출

새벽, 출고 대기 중인 차량기지의 열차들

고 점검을 할 때는 출입문 작동상태, 제동상태, 전동기 출력
상태, 안내방송 상태 및 열차 시스템 점검 등 꼼꼼하게 검사해
요. 열차가 한번 차량기지에서 나오면 먼 여행을 하는 것과 같
기 때문에 제대로 된 정비는 필수거든요. 개인적으로는 비번
근무가 가장 힘들어요. 전날에 밤 근무도 했고 아침에 일찍 일
어나기 때문에 육체적으로도 정신적으로도 가장 피곤한 근무
거든요. 그렇기 때문에 이때 인적오류 사고가 발생할 가능성
이 높아요. 이러한 이유로 기관사들은 비번 근무에 가장 신경
을 많이 써요.

후반사업인 아침 근무가 끝나고 나면 비로소 사업소에 복귀해 열차 운행 이상 유무를 보고하는 종료 점호를 받아요. 종료 점호를 마치고 나면 퇴근하는 거죠. 앞서 얘기했듯이 기관사는 근무 자체가 불규칙적이에요. 하지만 이 불규칙한 근무 속에서 본인만의 규칙적인 생활 리듬을 찾아가야만 건강을 유지할 수 있어요. 하지만 너무 걱정하지 않아도 돼요. 저도 처음에는 교번 근무가 익숙하지 않아 고생했지만 시간이 지날수록 이러한 생활방식에 적응이 되더라고요.

편 시간이 날 때는 어떤 일을 하나요?

송 분기별 교육을 받고 난 후 쉬는 날에는 못다 한 공부를 해요. 일종의 복습 같은 거죠. 혼자 다시 익히고 이례상황을 머릿속에 그려보며 객실 내 안내방송은 어떻게 할지, 차량 고장 시 어떻게 대처할 것인지 실제로 연습해봐요. 그래야 실제 사고 발생 시 당황하지 않고 신속하고 안전한 대처가 가능하거든요.

또 기관사라는 직업이 어두운 터널 속에 주로 있기 때문에 쉬는 날이면 햇빛을 많이 쐬려고 노력해요. 시간이 맞는 친구들과 함께 맛집을 찾으러 다니면서 맛있는 것도 먹고 이야기하면서 스트레스를 풀고 재충전의 시간을 가져요. 좋은 사람들과 맛있는 걸 먹는 것만큼 행복한 시간은 없는 거 같아요. 저는 교번 근무를 하기 때문에 주로 평일에 약속을 많이 잡는 편이에요. 인기 있는 맛집에 가더라도 오래 줄서지 않아도 돼서 좋고 은행 업무나 미용실에서도 빠르게 볼일을 볼 수 있어서 좋아요.

편 현재 일을 잘 수행하기 위해 따로 노력하고 있는 것이 있나요?

송 쉬는 날에는 주로 운동을 하려고 노력하는 편이에요. 기관사라는 업무 자체가 체력이 중요한 직업이기 때문에 주기적으로 운동하지 않으면 힘들거든요. 원래 저는 운동을 싫어해서 직장인이 되기 전까지는 운동을 일절 하지 않았어요. 하지만 일할수록 체력이 부족하다는 느낌이 들어 더 피곤하더라고요. 그래서 운동을 시작했어요. 운동을 하고 난 뒤부터는 체력이 붙어 일하기도 수월하고 정신적으로 더 건강해지는 느낌도 들어요. 또한 좀 더 깊이 있는 철도공부를 하고 싶어 철도전문대학원에 진학하여 여러 철도회사의 동기들과 함께 공부하고 있어요.

편 기관사이기 때문에 겪는 애로 사항이 있나요?

송 기관사는 한번 열차를 타면 업무 특성상 오랜 시간을 일하기 때문에 생리현상을 참는 것이 가장 힘들어요. 저도 이것 때문에 힘들었던 경험이 있었는데요. 단독 근무를 하고 나서 얼마 안 되었을 때였어요. 전날 먹은 음식 때문에 탈이 났는지 온몸에서 식은땀이 나더라고요. 다행히 종착역에 거의 근접할 때쯤 배가 아파서 별 탈 없이 지나갔지만 지금도 그때를 생각하면 손에서 식은땀이 나고 아찔해요. 전날 자극적인 음식을 먹어서 고생한 동기들의 얘기도 많이 들었고요. 그래서 업무하기 전날에는 자극적인 음식을 일절 먹지 않아요.

편 출퇴근 시간 운행이 가장 힘들 것 같아요.

송 출퇴근 시간에는 정말 많은 승객들이 이용하기 때문에 기관사들이 가장 긴장하는 근무 시간이에요. 특히 출입문 취급할 때가 가장 힘들어요. 제가 일하는 7호선은 업무지구가 많아 출퇴근 시간에 정말 많은 승객들이 이용하거든요. 출입문을 닫겠다고 재차 방송해도 무리해서 승차하는 승객들이 몇몇 있

어요. 그럴 때마다 출입문을 재 취급해야 하기 때문에 안전상
으로 정말 위험하죠.

제가 일할 때도 이런 위험한 순간이 있었어요. 출근 시간
이었고 열차에 이미 많은 사람이 타 있었기 때문에 승강장에
서 기다리고 있던 승객들이 모두 승차하지 못하고 있는 상황

붐비는 출퇴근 시간,
CCTV 속 승강장에서 열차를 기다리는 시민들

이었어요. 출입문을 닫겠다고 재차 방송을 했음에도 불구하고 한 명이 출입문에 발을 끼워두고 뒤로 물러나지 않더라고요. 그때 안전문 고장이 발생했어요. 그 역에서 조치를 위해 한참을 서 있다가 시스템이 정상적으로 복귀된 뒤에야 출발했죠. 그때 3분 정도 지연이 됐었어요. 출근 시간에 이렇게 지연이 되면 뒤에 오는 열차들도 지장을 받기 때문에 정시 운행이 힘들어져요. 그뿐만 아니라 그 시간에 출근하는 수많은 승객들의 소중한 시간을 빼앗는 것이죠. 무리하게 승차하는 행위는 자칫하면 정말 큰 사고로 이어질 수 있기 때문에 지양해야 해요. 열차 이용 시 본인의 안전뿐만 아니라 타인의 소중한 시간을 위해서도 무리하게 승차하는 행위는 하지 않아야겠죠.

편 여름에는 에어컨 온도를 높여달라거나 줄여달라는 민원이 많다고 들었어요.

송 실제로 접수되는 민원의 대다수는 열차 내 온도와 관련된 것들이에요. 2015년에 접수된 냉난방 민원은 98,524건으로 전체 민원 비율의 50퍼센트에 육박하고 있죠. 특히 이러한 민원은 여름철에 집중적으로 접수돼요. 하지만 열차는 수많은 승객들이 이용하기 때문에 개개인을 위해 온도를 조절하는 건

현실적으로 힘들어요. 열차에 오래 앉아있는 분은 춥겠지만 방금 막 승차한 분은 열차가 덥다고 하거든요. 그뿐만 아니라 승차한 칸에 승객 승차율이 어느 정도 되는지에 따라 객실 온도가 상이해요. 그 칸에 사람이 많으면 덥고 사람이 적으면 춥겠죠. 춥다는 민원이 접수되었다고 해서 한여름에 바로 냉방기를 끌 수는 없어요. 그러면 덥다는 민원이 폭주하니까요.

실제로 저도 일하면서 객실 온도 관련 민원을 많이 받아요. 그때마다 안내방송을 시행해요. '승객 여러분께 안내 말씀 드립니다. 우리 열차는 쾌적한 열차 환경 조성을 위해 냉방을 가동 중에 있습니다. 차내가 춥다고 느껴지시는 승객들은 약냉방칸인 400대와 500대 칸을 이용해주시기 바랍니다.'라고 말이죠. 평소에 추위를 많이 타는 분들은 차 내 약냉방칸이 어딘지 알아뒀다가 열차 이용 시 참고하면 도움이 될 거예요. 아니면 카디건 같은 것을 가지고 다니는 것도 좋고요. 기관사로서 가장 현실적인 팁을 드리자면 덥거나 추울 땐 한두 칸 정도 옮겨보세요. 바로 옆 칸이지만 온도 차이가 큰 경우가 많거든요.

객실 온도가 어떤지 실시간으로 확인하고 승객 승차율을 확인하여 냉난방 조절을 해요. 또한 TCMS^{운전실에 있는 일종의 업무용 컴퓨터}를 통해 각 칸의 냉난방기가 어떻게 작동되고 있는지 확인

객실 온·습도계에 현시되는
온도 및 습도와 객실 승차율을
고려하여 냉난방 조절을 해요.

이 가능하기에 수시로 조절하고 체크하죠. 기관사들은 쾌적한
열차 이용 및 승객들의 편의를 위해 최선을 다하고 있어요.

편 일을 하면서 받는 스트레스는 어떻게 해소하나요?

송 저는 스트레스를 받으면 바로바로 해소하려고 노력하는 편이에요. 친구들을 만나서 이야기하고 여기저기 놀러 다니면서 스트레스를 해소하죠. 또 제가 맛집 찾아다니는 걸 좋아해서 블로그에 포스팅 되어 있는 곳들이나 맛있다고 추천받은 곳을 주로 다녀요. 저는 맛있는 걸 먹고 나면 기분이 좋아지더라고요.

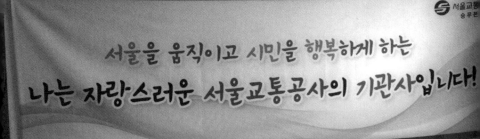

우리를 응원하는 현수막 한 장이 회사 분위기를 한층 밝게 조성해줘요.

편 기관사의 우울증 발병률이 높다고 하는데 어떻게 생각하세요?

송 아무래도 기관사들 대부분이 지하에서 일하기 때문에 피할 수 없는 일종의 직업병이라고 생각해요. 입사 초창기에 선배들이 이와 관련된 조언을 많이 해주셨어요. 나도 모르게 찾아오는 질병이기 때문에 평소에 신경을 많이 써야 하고 긍정적으로 생활하려고 노력해야 될 뿐만 아니라 야외활동도 많이 해줘야 된다고요. 그래서 저는 밝고 긍정적으로 생활하려고 의식적으로 많이 노력해요. 회사에서도 이러한 기관사들의 업무 고충을 덜어주기 위해 심리상담을 해주는 힐링센터를 운영하고 있어요.

편 기관사 세계에서 남녀차별이나 학력차별이 존재하나요?

송 남녀차별에 관해 먼저 얘기할게요. 기관사들 사이에서 뿐만 아니라 회사 분위기 자체에 남녀차별은 존재하지 않아요. 여자라서 힘든 업무는 빼주고 쉬운 업무만 주는 경우도 없어요. 성별을 떠나 동일하게 기관사로서의 업무를 하죠. 임금에서도 남녀차별은 없어요. 대신 군대를 다녀온 남자들은 나라를 위해 봉사했기 때문에 2호봉을 인정받아 입사 후 3호봉부터 시작해요.

학력차별 역시 존재하지 않아요. 성과급에 차등을 주기 위해 어쩔 수 없이 업무 평가를 받을 뿐 평가 시 본인의 학력은 전혀 영향을 주지 않아요. 또한 사기업 같은 경우에는 대부분 연봉제를 도입하고 있지만 저희 회사 급여체계는 호봉제예요. 그렇기 때문에 고졸이라고 해서 대졸과 임금의 차이가 있지 않아요. 고졸이라고 해도 본인이 경력이 있는 상태에서 입사했다면 일했던 연수만큼 호봉을 인정받기 때문에 오히려 대졸자보다 월급이 더 높을 수 있어요.

기관사로서 성취감을 느끼는 순간이 있나요?

편 기관사로서 성취감을 느끼는 순간이 있나요?

송 기관사로 일하다 보면 교번 근무를 하기 때문에 남들이 모두 쉬는 날 근무를 하러 나오는 경우가 대다수예요. 특히 설날이나 추석 같은 명절에는 근무하러 나오기가 싫죠. 운이 없게도 저는 입사 후 지금껏 단 하루도 설날이나 추석 당일에 쉬어본 적이 없어요. 제가 일복이 많은 편인가 봐요. 하지만 아이러니하게도 가장 성취감을 많이 느끼는 날도 바로 이날이에요. 역 진입 시 형형색색 예쁜 설빔을 입고 있는 아이들과 짐을 한 보따리씩 짊어지고 있는 사람들을 보면 다들 얼굴이 밝아요. 오랜만에 뵐 부모 형제들 얼굴이 아른거리기 때문이겠죠. 얼마나 설레겠어요. 바쁜 일상 속에서 연휴만을 기다려 왔을 텐데요.

실제로 작년 설날에 일하던 중 누가 운전실 문을 두드리길래 문을 열어보니 어린 꼬마가 서 있었어요. 저를 빤히 보더니 고사리 같은 손으로 음료수를 주더라고요. "감사합니다."라는 말과 함께요. 그때 정말 기관사로서 일하는 게 보람 있다는 생각이 들었어요. '이 수많은 사람들의 행복한 여행길에 선물을 드리는 것 같아서 그날 일을 마치고 집에 가는 길이 전혀 피곤하지 않더라고요. 명절에 일하는 저의 모습이 마치 동화 속 산타할아버지가 크리스마스에 많은 사람들에게 선물을 주는 것처럼 느껴졌어요. 그 이후로 연휴에도 즐겁게 일하고 있어요. 제가 꼭 필요한 사람이 된 듯한 기분이 들어 뿌듯하고 제 자신이 자랑스럽거든요.

편 기관사라는 직업을 갖기 전과 기관사가 되고 난 후 달라진 점이 있을까요?

송 학생 때는 기관사라는 직업이 책임감이 막중한 직업이라는 걸 막연하게 생각만 했지 느껴보진 못했죠. 실제 현업에서 일하는 기관사가 되고 나니 생각했던 것보다 더 큰 부담감이 밀려왔어요. 더구나 제가 일하는 7호선은 1인 승무여서 그 부담감과 책임감이 배가 됐죠. 하지만 이로 인해 얻는 사명감과 뿌듯함 역시 배가 되는 거 같아요. 퇴근하는 길에 '오늘도 내가 대한민국을 안전하게 출퇴근시켰구나!'라고 생각하거든요. 또 지인, 주변 친구들의 응원이 늘었어요. 매스컴에서 열차사고 기사가 나면 꼭 저한테 알려줘요. 걱정된다고 조심하라고 하면서요. 저를 걱정해주고 응원해주는 많은 사람이 있어 일할 때 더욱 힘이 나요.

뿐만 아니라 지하철 이용 시 불편을 겪는 분이 계시면 그냥 지나칠 수가 없더라고요. 기관사라는 업무 자체가 시민을 위해 봉사하는 마음이 없으면 지속적인 근무가 힘들기 때문에

마음가짐이 점점 변하는 거 같아요. 그리고 학생들, 뛰어서 타는 '다이빙 승차' 많이 할 거라 생각해요. 저도 학생 때는 많이 그랬거든요.^^ 그렇지만 이제는 절대로 하지 않아요. 제가 기관사가 되고 나서 그게 얼마나 위험한 행동인지 알았기 때문이에요. 다이빙 승차는 정말로 위험하니 절대로 하지 마세요!!

편 열차 안전 운행을 위해 기관사는 어떤 교육을 받나요?
송 기관사는 승객의 안전을 위해 관련 업무 공부를 끊임없이 해야 하죠. 지속적으로 공부하지 않으면 열차 이례상황 발생 시 빠른 대처가 힘들거든요. 또한 기관사는 분기별로 여섯 시간씩 안전교육을 받아야 된다고 철도안전법에 나와 있어요. 이러한 이유들로 회사에서 분기별로 안전교육을 시행해요. 이론교육과 실기교육을 따로 진행하기 때문에 1년에 총 여덟 번의 교육을 의무적으로 받아야 하죠.

이론교육에서는 회사에서 최근에 발생했던 열차사고에 대한 교육을 받고, 타 철도회사에서 발생했던 열차사고에 관한 교육도 받아요. 그뿐만 아니라 차량 고장처치에 대한 반복교육을 받고, 많이 접수된 민원사항에 관해서도 교육받아요. 교육이 끝나고 나면 필기시험을 봐서 그날 교육이 효과적으로 이루어졌는지를 평가받고요. 실기교육은 차량기지에서 운행되고 있지 않은 열차를 이용해 현장교육으로 진행돼죠. 실제 사고 상황을 가정하고 고장조치에 관한 교육을 받아요. 실기교육도 필기교육과 동일하게 교육이 끝나면 평가를 받아요.

열차 안전 운행을 위한 이론교육

실기교육 중인 제 모습이에요. 출입문 고장 시
조치법에 대해 시현하고 있죠.

더불어 이러한 분기별 교육뿐만 아니라 사내 인트라넷에 기관사 교육을 위한 동영상 강의가 있어요. 한 달 동안 의무적으로 들어야 할 강의를 완료해야 하죠. 동영상 강의 내용은 철도안전법, 기관사 이례상황 시 조치법, 올바른 승객안내방송 등에 관한 것들이에요. 물론 이러한 정규적인 교육 외에도 열차사고 사례가 발생할 경우 회사에서 추가적인 안전교육을 실시해요. 반복적인 안전사고를 막기 위해 교육을 시행하는 것이죠.

마지막으로 기관사의 건강은 시민의 안전과 직결되기에 기관사는 건강검진 및 적성검사를 주기적으로 받고 있어요. 만약 건강검진 및 적성검사 결과에서 합격점에 도달하지 못한다면 해당 기관사는 열차를 운행하지 못하죠. 그래서 기관사들은 건강관리에 누구보다 힘써요. 일반 사람들이 생각하는 것보다 기관사의 안전교육은 엄격하고 체계적으로 시행되고 있어요. 열차 이용 시 사고가 나지 않을까 걱정하지 마세요.

기관사가 되는 방법

편 기관사가 되기 위한 일반적인 방법을 알려주세요.

송 가장 일반적인 방법은 우선 철도 관련 학교에 입학하는 거예요. 말 그대로 고등학교 졸업 후 내신 성적이나 수능 성적을 가지고 철도 관련 학교에 진학하는 것이죠. 철도 관련 학교는 한국교통대학교구 한국철도대학, 동양대학교, 우송대학교, 가톨릭상지대학교 등이 있어요. 이러한 철도 관련 학교에 입학하면 졸업하기 전이나 졸업한 직후 철도차량운전면허를 취득하는 교육을 학교에서 연계해주기 때문에 개인적으로 일일이 철도차량운전면허 교육에 관한 정보를 취합해야 하는 수고스러움을 덜 수 있어요. 물론 학교를 다니는 동안 철도에 관한 다방면의 지식을 섭렵할 수 있다는 장점도 있지요. 저 같은 경우가 여기에 속하는데요. 대학교 진학 후 졸업 전에 학교에서 철도차량운전면허 교육을 통해 자격증을 취득하였고 회사 채용 공고가 졸업 시기에 맞물려 나서 졸업과 동시에 바로 취업이 가능했죠.

'철도 관련 학교를 나오지 않으면 기관사를 할 수 없는 건가요?'라는 의문이 생기셨나요? 철도 관련 학교를 졸업하지 않아도 기관사가 될 수 있어요. 바로 철도아카데미에서 교육을 받은 후 자격증을 취득하여 기관사가 되는 방법이죠. 철도아카데미란 철도학원을 뜻해요. 철도 관련 대학이 아닌 일반 대학교를 졸업한 사람들뿐만 아니라 고등학교 졸업자들도 입교가 가능해요. 현재 철도아카데미는 서울교통공사, 코레일인재개발원, 부산교통공사(BTC), 우송대학교에 개설되어 있어요. 하지만 철도아카데미 역시 바로 입교할 수 있는 것은 아니고 입교시험을 봐야 해요. 입교시험 과목은 자주 바뀌고 아카데미마다 보는 과목이 상이하기 때문에 본인이 가고 싶은 아카데미를 선택한 후 홈페이지 등을 통해 알아보는 방법이 가장 빠를 거예요.

편 독학으로도 가능한가요?

송 독학으론 할 수 없어요. 기관사가 되려면 철도차량운전면허증을 취득해야 해요. 이를 위해선 제2종 전기차량운전면허 교육을 받아야 하죠. 더 자세히 설명하자면 410시간의 교육을 이수해야 한다고 법적으로 고시되어 있어요. 410시간 동안 현장실습교육, 운전실무 및 모의운행 훈련, 비상 시 조치 등의 교육훈련 과목을 의무적으로 들어야 해요. 물론 이러한 교육은 아무 곳에서나 시행하는 것은 아니고 국토교통부의 승인을 받은 운전교육훈련기관 즉 앞서 말한 철도아카데미에서 받을 수 있어요.

참고로 아카데미 입교 경쟁률과 시험과목에 대해 얘기하자면 2017년 서울교통공사의 아카데미 입교 경쟁률은 1회 차 입교시험이 13대 1, 2회 차 입교시험이 10대 1 수준이었으며, 2017년 코레일 인재개발원 입교 경쟁률은 10대 1 정도였어요. 서울교통공사와 코레일 인재개발원 모두 철도관련법^{철도안전법, 도}^{시철도차량규칙, 철도차량운전규칙}을 입교시험과목으로 지정했어요. 예전에는 아카데미 입교시험에 물리시험도 봤었는데 최근에 빠진 것으로 알고 있어요. 아카데미에 입교한 후에 본격적으로 철도차량운전면허 교육과정을 수료하여 시험을 본 뒤 합격하면 비로소 자격증 취득이 가능해요.

이러한 아카데미 과정은 일반적으로 일반 대학교 졸업생이나, 직장인들이 퇴사 후 교육을 받으러 오는 경우가 많아요. 아무래도 요즘에는 안정적인 직장을 선호하는 만큼 철도아카데미에 관한 관심이 높아지더라고요. 제 주위분들도 많이 물어보시고요. 실제로 저희 회사에도 대기업에 다니다가 그만두고 철도아카데미에 입교해서 늦은 나이에 입사한 분들도 꽤

서울교통공사 아카데미의 2017년 전기차량운전면허 교육생 선발공고문이에요. 각 아카데미마다 교육생 선발 기간과 필기시험 과목이 매년 상이하기 때문에 관련 기관에 문의하는 게 가장 정확해요.

있어요. 이 책을 읽고 있는 학생들도 졸업하자마자 철도아카데미 입교시험을 본 후 입교하여 철도차량운전면허를 취득한다면 빠른 나이에 입사가 가능해요. 실제로 이른 나이에 입사한 분들도 흔치는 않지만 종종 보거든요.

편 철도차량운전면허증을 취득하려면 여러 과정을 거쳐야 하잖아요. 우선 신체검사에 관해 설명해주세요.

송 앞서 얘기했듯이 기관사가 되는 방법은 두 가지가 있어요. 하지만 이 두 가지 모두 공통점이 있어요. 바로 철도차량 운전면허시험을 봐서 자격증을 취득해야 된다는 것이에요. 철도차량운전면허 시험을 보기 위해선 가장 먼저 신체검사와 적성검사를 봐야 해요. 우선 신체검사에 관해 알려드릴게요. 기관사는 시민의 목숨과 안전을 최우선시하는 직업이기에 신체적 결함이 있으면 안 돼요. 그래서 기본적인 신체검사를 통과해야 하죠. 하지만 너무 까다롭거나 통과하기 어렵진 않아요. 말을 하지 못하는 사람, 한쪽 다리의 발목 이상을 잃은 사람, 한쪽 팔 또는 한쪽 다리 이상을 쓸 수 없는 사람, 다리, 머리, 척추 또는 그 밖의 신체장애로 인하여 걷지 못하거나 앉아 있을 수 없는 사람, 한쪽 손 이상의 엄지손가락을 잃었거나 엄지손가락을 제외한 손가락을 세 개 이상 잃은 사람에 포함되지 않으면 합격할 수 있어요.

추가적으로 몇 가지 결격 사항을 더 나열하자면 수축기 혈압이 180㎜Hg 이상이고, 확장기 혈압이 110㎜Hg 이상인 사람, 귀의 청력이 500Hz, 1000Hz, 2000Hz에서 측정하여 측정치의 산술평균이 두 귀 모두 40dB 이상인 사람, 두 눈의 나안^{裸眼}시력 중 어느 한쪽의 시력이라도 0.5 이하이며(다만, 한쪽 눈의 시력이 0.7 이상이고 다른 쪽 눈의 시력이 0.3 이상인 경우는 제외) 두 눈의 교정시력 중 어느 한쪽의 시력이라도 0.8 이하인 사람(다만, 한쪽 눈의 교정시력이 1.0 이상이고 다른 쪽 눈의 교정시력이 0.5 이상인 경우는 제외), 정신적으로 결함이 있는 사람을 들 수 있죠. 하지만 신체검사에서 불합격 받았다고 해도 너무 걱정하지 않아도 돼요. 그날의 컨디션에 따라 결과가 잘못 나올 수도 있기 때문에 신체검사는 다시 볼 수 있어요. 재검사해서 합격을 받는다면 시험에 응시하는데 문제가 되지 않거든요. 신체검사 유효기간은 2년이고 검사비용은 5만 원 내외로 병원마다 달라요.

편 적성검사에 관해서도 설명해주세요.

송 적성검사는 말 그대로 나의 적성이 기관사와 맞는지를 확인해보는 검사예요. 컴퓨터 앞에 앉아서 반복적인 질문에 따른 답변을 터치하면 돼요. 물론 정답을 맞히는 것도 중요하지만 문제에 대응하는 신체 반응 속도와 틀렸을 시 다음 답변에 당황하지 않으며, 성급하지 않고 차분하게 문제를 풀어나가는 자세 등을 검사하는 것이죠. 크게 문답형 검사와 반응형 검사로 나누어져 있어요. 문답형 검사는 지능, 작업 태도, 품성을 평가하고 반응형 검사는 속도예측능력, 주의력, 거리지각

능력, 안전도 등을 평가해요. 시험 결과 지능검사 점수가 85점 미만인 사람(해당 연령대 기준 적용), 반응형 검사 중 속도예측능력과 선택적 주의력 검사 결과가 부적합 등급으로 판정된 사람, 작업 태도 검사와 반응형 검사의 점수합계가 50점 미만인 사람, 품성검사 결과 부적합자로 판정된 사람은 불합격이에요. 하지만 불합격했다고 해도 3개월 후 다시 적성검사를 볼 수 있으니 걱정하지 않아도 돼요. 추가하자면 적성검사의 비용은 5만 원이고 검사 결과 유효기간은 10년이에요.

편 적성검사에 합격하면 바로 필기시험을 볼 수 있나요?

송 신체검사와 적성검사를 마친 후에는 면허취득을 위한 본격적인 교육과정을 이수해야 해요. 이 또한 철도안전법으로 지정되어 있기 때문에 학교나 아카데미에서 면허교육 시 반드시 이수해야 하는 과정이죠. 이 과정에서 필기시험과 기능시험에 관한 교육을 받게 돼요. 국토교통부장관이 지정한 운전교육훈련기관^{학교나 철도아카데미를 지칭}에서 교육훈련 시간(법정 교육 시간은 410시간)을 이수하고 나면 수료한 사람에게 운전교육훈련 수료증을 발급해줘요. 그러면 비로소 필기시험을 볼 수 있는 자격이 주어지죠. 제2종철도차량운전면허 같은 경우 필기시험 과목이 철도 관련법, 도시철도시스템 일반, 전기동차의 구조 및 기능, 운전이론 일반, 비상시 조치 이렇게 다섯 과목으로 되어 있어요. 시험 소요시간을 보면 철도 관련법 20문제에 20분, 도시철도시스템 일반 20문제에 20분, 전기동차의 구조 및 기능 40문제에 40분, 운전이론 일반 20문제에 20분, 비상시 조치 20문제에 20분 정도 걸려요. 필기시험 합격 기준은 과목당 100점을 만점으로 하여 매 과목 40점 이상(철도 관련법의 경우 60점 이상), 총점 평균 60점 이상이에요.

편 이제 기능시험에 대해 알려주세요.

송 필기시험에 합격하고 난 후에는 기능시험 접수를 하면 돼요. 기능시험은 필기시험에 합격한 경우에만 응시할 수 있어요. 필기시험에 합격한 사람에 대해서는 합격한 날부터 2년이 되는 날이 속하는 해의 12월 31일까지 실시하는 운전면허 시험에 있어 필기시험의 합격을 유효한 것으로 보기 때문에 이 기간 내에 기능시험에 합격해야 돼요. 대부분의 응시생들은 필기시험을 준비하면서 기능시험을 같이 준비하기 때문에 필기시험이 끝나고 기능시험 준비를 하면 늦는다고 봐야 해요. 기능시험은 준비점검, 제동 취급, 제동기 외의 기기 취급, 신호 준수, 운전 취급, 신호 및 선로 숙지, 비상시 조치 등을 평가해요. 기능시험의 합격 기준은 시험 과목당 60점 이상, 총점 평균 80점 이상이에요. 기능시험은 필기시험과 다르게 실제 운전실처럼 꾸며져 있는 곳에서 시행해요. 이를 시뮬레이터라고 부르는데요. 실제 전동차 운전실과 동일하게 구성되어 있어요. '이 사람이 정말 기관사로서 자질이 있나'를 최종 평가하는 것이죠. 기능시험 운전 구간은 4호선으로 봐요. 산본에서 남태령 구간인 상선 구간 혹은 남태령에서 산본 구간인 하선 구간을 기능시험 구간으로 정해두었죠.

기능시험에서는 기능시험 응시자가 실제로 운전하는 자세나 역량을 평가함과 동시에 여러 이례상황이 발생되도록 시스템이 설정되어 있어요. 예를 들면 객실 내 승객 난동이 일어난 상황, 차내 혹은 역사 내 화재가 발생한 상황, 선로 내 장애물을 발견한 상황, 승객이 선로로 갑자기 뛰어들어 인명사고가 발생한 상황과 같은 외부요소에 관한 응급조치를 평가 받기도 하며, 차내에 비상제동_{철도차량에 사고 등의 긴급사태가 발생했을 때 사용하는 제동방식}이 체결되어 움직이지 않는 상황, 주공기 압력이 부족하여 운전이 불가능한 상황, 출입문이 닫히지 않는 상황과 같은 전동차 내부 요소에 관한 응급조치를 평가받아요. 실제로 시뮬레이터로 운전을 하면서 감독관이 질문하는 문제에 대답을 해야 하기 때문에 많은 연습이 필요해요. 기능평가의 응시료는 20만 원이 넘는 꽤 비싼 금액이니 한 번에 합격하는 게 좋겠죠? 하지만 떨어졌다고 해서 낙담할 필요는 없어요. 필기시험과 기능시험은 1년에 네 차례 정도 시행이 되고 있거든요. 실제로 필기시험 합격 후 실기시험에 떨어져서 재도전을 하는 사람도 있고 필기시험을 두 차례 보는 사람도 있어요. 철도차량운전면허 시험은 평가 내용이 까다롭고 어렵긴 하지만 의지를 갖고 열심히 노력한다면 충분히 합격할 수 있는 수준의 난이도라고 생각해요.

편 자기소개서는 어떻게 썼나요?

송 저희 회사의 자기소개서 항목은 총 다섯 가지였어요. 지원동기, 자신의 역량 강화를 위한 노력, 공사발전 및 시민 서비스 향상 방안, 학생 시절 및 사회생활, 입사 후 포부였죠. 자기소개서를 쓸 때 무엇을 중점에 둘지 정해두면 글을 쓰는 방향을 잡기가 쉬워져요. 제가 자기소개서를 쓰면서 가장 크게 중점을 둔 것은 두 가지였어요. '나'라는 사람의 장점을 많이 어필하는 것과 제가 기관사에 대한 열정과 열망이 높은 사람이라는 것이었죠. 자기소개서는 필기시험 합격 후 면접에서 질문의 바탕이 되기 때문에 최대한 솔직하게 써야 해요. 그렇지 않으면 면접 시 당황하게 되고 좋은 성과를 얻지 못할 수 있기 때문이죠. 저는 대외활동 경험이 부족해서 학교에서의 활동과 현장실습을 나갔을 때의 경험을 중점적으로 썼어요. 당시 자기소개서를 쓰다 보니 대외활동 경험이 부족해서 많이 후회했던 생각이 나네요. 여러분들은 대외활동이나 여행을 많이 하길 바라요. 그리고 거기서 얻은 느낌과 생각을 자기소개서에 녹여낸다면 높은 점수를 받을 수 있을 거예요.

편 필기시험은 어땠는지, 경쟁률은 얼마나 되는지 궁금해요.

송 제가 입사할 당시에는 전공시험과 공통시험 총 두 가지 과목을 봤어요. 전공시험은 전기와 기계 중 한 가지를 택하는 방식이었고 공통시험 과목은 한국사였어요. 저는 전공시험에서는 전기를 택해서 시험을 봤는데 당시 인터넷 강의를 들으면서 전기산업기사, 전기기사 기출문제집도 함께 풀었었죠. 한국사 시험 같은 경우에는 제가 한국사1급 자격증이 있었기에 많은 시간을 할애해 준비하진 않았어요. 시간이 많았다면 한국사도 준비를 많이 했을 텐데 학기 중이어서 전기전공시험

공부하는 것도 벅찼었거든요. 한국사능력검정시험에는 사료나 사진이 많이 나온 반면 입사시험에는 시사나 트렌드와 연관된 문제들이 많았어요. 평소 신문이나 뉴스를 많이 접했던 사람들에게 유리했을 것 같아요. 회사의 필기시험도 매해 바뀌는 것 같아요. 2016년에 입사한 분들은 영어시험을 추가로 봤더라고요. 또 근래에는 나라 정책 때문에 국가직무능력시험인 NCS로 필기시험을 많이 보고 있어요. 철도회사마다 보는 필기시험 과목이 다르기 때문에 본인이 원하는 목표에 맞게 준비하면 될 거예요. 제가 지원할 당시 회사에서는 기관사 50명을 채용한다고 공고했고, 그때 경쟁률은 11대 1정도였어요. 승무 직렬은 다른 직렬과는 다르게 철도차량운전면허증이 있어야 지원할 수 있는 제한경쟁이기 때문에 경쟁률이 타 직렬에 비해 낮은 편이에요.

편 면접은 어떻게 진행되나요?

송 제가 입사할 당시 면접관은 총 다섯 명이었어요. 부정 없는 공정한 면접을 진행하기 위해 한 명만 운전처 소속 직원이었고, 나머지 네 명은 서울시 소속 외부 면접관이었어요. 전공에 관련된 질문은 운전처 직원이 했고 외부 면접관 네 명은 인

성과 관련된 질문을 했죠. 인성 관련 질문은 예상 가능한 질문들이 많았어요. 기관사로 진로를 정하게 된 계기나 회사에서 어려운 일이 생겼을 시 대응방법, 감명 깊게 읽은 책 등 보편적인 질문이 많았죠.

면접에 있어서 합격 여부 판가름을 낸 건 전공 질문에 대한 답변이었던 것 같아요. 전문적인 질문을 많이 받았고, 회사에 얼마나 관심이 있는지를 알아보는 질문도 받았어요. 회사가 연장계획을 염두에 두고 있는 구간은 어느 곳인지, 전체 역사 수는 몇 개 인지, 회사가 원하는 인재상은 무엇인지 같은 것들 말이죠. 또 기관사 이례상황 관련 조치법에 대해도 많이 물어보셨어요. 출입문이 닫히지 않을 시 대처 방법, 비상제동이 체결되었을 시 조치 방법, 화재 발생 시 가장 먼저 해야 할 일, 첫차 운행을 위해선 몇 시에 기상해야 하는지 등을 물어보셨어요.

최악의 상황인 압박면접을 염두에 두고 마음의 준비를 했는데, 생각과 달리 억압적이지 않고 면접자들이 편하게 대답할 수 있는 분위기를 조성해줘서 편한 마음으로 면접에 임했던 기억이 있어요. 물론 압박면접을 하는 철도회사도 있어요. 그런 회사는 노조와 철도 파업에 관련된 민감한 질문을 많이 하는 것 같더라고요. 이 질문에 대한 100점짜리 답변은 없는 거 같아요. 면접관이 원하는 대답이 무엇인지 알 수 없거든요. 그러니 최대한 중립적인 입장에서 대답하는 게 좋을 것 같네요.

편 1년에 몇 회 채용하나요?

송 철도회사마다 채용공고 시기가 상이하고 채용하는 인원도 매해 다르기 때문에 1년에 몇 번 채용한다고 명확하게 말할 수가 없어요. 1년 동안 채용공고를 내지 않는 회사도 있고, 1년에 두 차례 채용공고를 내는 회사도 있거든요. 예를 들자면 그 해에 퇴직자가 많을 경우나 신설 노선이 개설될 경우 채용 인원이 늘겠죠. 그뿐만 아니라 정책에 영향을 받는 공기업이기 때문에 채용이 언제 날지는 불확실해요. 한 가지 확실한 것은 모든 철도회사가 1년 동안 채용공고를 내지 않았던 적은 없었어요. 더 설명하자면 올해 A, B, C 회사가 채용공고를 내지 않아도 D, F 회사가 채용공고를 내고, 그다음 해에 A, C, D 회사가 채용공고를 안내도 B, F 회사가 채용공고를 내거든요. 이런 식으로 채용공고는 매해 꾸준히 나고 있어요. 그리고 계속해서 경전철회사가 신설되고 있기 때문에 취업이 어렵지 않을까 하는 고민은 안 해도 될 거예요. 본인이 원하는 때에 신입사원 모집공고가 나지 않는 경우 취업이 늦어질 뿐이지 면허를 취득한 사람들의 대다수가 취업에 성공해요. 물론 경쟁자들보다 빨리 취업하려면 시험공부를 더 열심히 해야겠죠?

편 나이 제한이 있나요?

송 철도안전법에 만 19세 미만인 자는 운전면허를 받을 수 없다고 명시되어 있어요. 이밖에 다른 나이 제한은 없죠. 하지만 대부분의 공기업 정년이 만 60세까지라 그 이상이 되면 회사 입사가 어려우니 면허를 취득해도 취업이 힘들 것 같아요. 하지만 입사 시 정년 이하의 나이일 경우 별다른 나이 제한이 있지는 않아요. 저와 같은 입사 동기나 후배들 중에도 다른 회사를 다니다 와서 40대인 분들도 있거든요.

편 기관사가 되기에 유리한 전공이 있나요?

송 아무래도 철도 운전 관련 학과나 철도 관련 학과를 나오는 것이 조금이라도 더 유리하겠죠. 저처럼 운전 분야와 직접적인 관련이 있는 학과를 전공했다면 학교에서 배운 배경지식이 일할 때 큰 도움이 되기 때문이에요. 철도 관련 전공도 추천해요. 철도와 관련된 전반적인 교육을 받을 수 있기 때문에 견문을 넓힐 수 있거든요. 실제로 일하다 보면 학교에서 배운 지식들이 도움이 될 때가 많더라고요. 또한 업무와 관련된 것들도 학교에서 이미 교육받았던 것들이기 때문에 숙지 능력도 빠른 거 같아요. 하지만 가장 중요한 건 면허 취득 후 입사시험을 잘 보는 것이라고 말씀드리고 싶어요.

편 꼭 관련 학과를 졸업해야 하나요?

송 결론부터 말씀드리자면 절대 아니에요. 앞서 말했듯이 대학교를 나오지 않아도 관련 학과를 전공하지 않았어도 철도아카데미에 입교해서 면허를 취득하고 입사시험에 합격하면 기관사가 될 수 있기 때문이에요. 그러니 이 점에 대해 걱정할 필요는 없어요. 철도 관련 학과 말고도 기관사라는 직업에 도움이 될 몇 가지 학과를 추천하자면 전기나 전자 또는 기계과예요. 현업에서 일할 때뿐만 아니라 철도차량운전면허 교육을 받을 때 차량의 회로도를 봐야 할 일이 생기거든요. 관련 학과를 전공한 사람들이 확실히 습득력이 빠르더라고요. 하지만 기관사는 관련 학과를 전공하지 않아도 대학을 나오지 않아도 철도차량운전면허증을 취득할 때부터 입사 후까지도 지속적으로 교육을 받기 때문에 업무 능력에서 뒤처지면 어쩌나 하는 걱정은 하지 않아도 돼요.

편 관련 대학은 어디이고 청소년들이 어떻게 준비해야 할까요?

송 철도 관련 학교로는 현재 한국교통대학교, 동양대학교, 우송대학교, 가톨릭상지대학교, 송원대학교가 있는 거로 알고 있어요. 각 대학마다 수시 및 정시 모집 요강이 있을 거예요. 본인인 원하는 학교 입학처 홈페이지에 들어가서 입시모집 요강을 참고하면 도움이 될 거라고 생각해요.

■편 관련 대학이 많지는 않은 것 같은데 학교마다 특성이 있을까요?

■송 분명 학교마다 특징이 있고 장단점이 있을 거예요. 오래된 학교는 그 역사만큼 전통이 있기 때문에 선, 후배 관계가 끈끈하고 여러 회사의 정보를 얻을 수 있을 것이고, 신설된 학교는 그만큼 시설이 좋겠죠. 또 정원수가 많은 학교는 학생의 일대일 관리가 어렵겠지만 정원수가 적은 학교는 정원수가 많은 학교에 비해 관리를 비교적 집중적으로 받을 수 있겠죠? 본인이 학교를 선택함에 있어서 무엇을 중점에 두는지 파악한 뒤 학교를 선택하는 게 바람직할 것 같네요.

■편 비용은 얼마나 드나요?

■송 저 같은 경우에는 학교에서 면허 교육과정에 대한 지원을 받았기 때문에 별도의 비용을 지불하진 않았어요. 철도아카데미에 입교해서 교육을 받는 분들의 면허교육비는 국토교통부에서 고시하는데, 대략적으로 500만 원 대로 모든 기관이 비슷한 것으로 알고 있어요. 교육기간은 6개월 정도고요.

🔲 경쟁력을 갖추려면 대학에서 어떤 활동을 하는 게 좋을까요?

🔲 '나는 무조건 A 회사만 갈 거야!'라고 생각하고 이 회사의 채용에만 맞춰 준비하는 것은 위험해요. 철도회사마다 채용 시기와 인원이 상이하기 때문에 자칫 잘못하면 오랜 취업준비로 지칠 수 있거든요. 그렇기 때문에 여러 회사의 채용공고를 확인하고 다양한 자격증을 준비해야 해요. 저 같은 경우에는 서울교통공사를 선호했기 때문에 이 회사에서 요구하는 자격증과 필기시험 공부에 주력을 다했지만 다른 회사에서 요구하는 자격증도 취득해놨어요. 1학년 여름방학 때부터 자격증을 취득해서 매 학기 방학마다 한 개 이상의 자격증을 따려고 노력했죠.

그리고 이건 정말 중요한데 학창 시절 많은 경험을 해보라고 조언해주고 싶어요. 해외여행이 여의치 않으면 내일로 여행이라든지 봉사활동을 하는 것을 추천하고요. 넓은 견문은 더 넓은 시각과 열린 마음을 갖게 해주거든요. 이러한 경험을 통해 얻은 삶의 지혜는 돈 주고도 살 수 없는 진귀한 것들이죠. 더불어 다양한 경험을 통해 느낀 것들이 입사 면접 때 높은 점수로 이어지기도 해요. 면접 시 기차를 타고 다니며 느꼈던 점, 좋았던 점이나 불편했던 점과 이를 개선할 수 있는 방안 등을 얘기할 수 있다면 좋겠죠? 또는 다른 회사나 외국의 지하철을 탔을 때 벤치마킹하면 좋겠다고 생각했던 것들에 관해 얘기하거나 개선하고 싶은 점들을 말하면 아무래도 더 준비되어 보이고 눈길이 갈 수밖에 없을 거예요. 마지막으로 회사의 사진전이나 영화제, 공모전에 지원해서 경험을 쌓거나 입상한다면 입사 시 큰 도움이 될 거라 생각해요.

편 청소년들은 학창시절에 어떤 준비를 하면 좋을까요?

송 우선 다양한 경험을 통해 본인의 성향을 파악하는 게 중요하다고 생각해요. 나는 어떤 사람인지에 대해 깊이 있게 생각해보는 거죠. 구체적으로 말하자면 여러 가지 활동이나 체험 등을 해보며 내가 어떤 성격을 가진 사람인지, 무엇을 좋아하는지, 어떤 것을 싫어하는지를 생각해보는 거예요. 그런 과정들이 쌓이다 보면 본인에 대해 더 잘 알 수 있을 거예요. 그러고 난 뒤 본인의 성격과 성향에 맞는 직업을 선택하는 것을 추천해요. 단순히 '부모님이 추천해주시니까, 이 직업은 안정적이니까, 연봉이 높으니까'라는 이유로 직업을 선택하면 후회하기 마련이거든요. 이 세상엔 정말 다양하고 멋진 직업들이 많아요. 이러한 직업소개서들을 찾아 읽어보고 본인에게 맞는 직업을 선택하길 바라요. 제가 학교에 다닐 때만 해도 이러한 직업소개서들이 많지 않았거든요. 다행히도 저는 제 직업이 좋지만 만약 만족하지 못했더라면 좀 더 고민해보지 못한 과거의 저를 많이 질책했을 거 같아요.

물론 학생이기 때문에 본분에 맞는 공부를 열심히 하는 것은 정말 중요해요. 그렇지만 공부 말고도 다양한 분야의 책을 읽거나 봉사활동을 하고 각종 동아리 활동을 하는 것은 그때가 아니면 하기 힘든 값진 경험이에요. 시간을 내서 그런 활동을 많이 했으면 해요. 저희 회사인 서울교통공사도 가끔 승강장 안전요원 봉사자를 모집하기도 해요. 이런 모집공고가 나면 지원해서 직접 승객 안내를 해보세요. 철도회사가 어떻게 돌아가는지 미리 체험해볼 수 있을 거예요. 이런 경험들은 분명 앞으로 살아가는데 있어 든든한 자양분이 될 거라 믿어요.

편 공부를 잘해야 하나요?

송 이 질문에 명확하게 대답하기가 어렵네요. 실제 일하고 있는 기관사들의 학력은 정말 다양하기 때문이죠. 고졸자부터 석사학위 수료자까지 있을 뿐만 아니라 회사를 다니면서 박사학위까지 취득한 분들도 있어요. 하지만 학력과 업무 소화력이 꼭 비례하진 않아요. 이 말을 듣고 학생들이 공부를 소홀히 할까봐 걱정이 되긴 하네요. 제가 이 질문에 대해 꼭 해주고 싶은 말이 있어요. 학생들 중에 '나는 공부가 좀 부족한데 기관사의 꿈을 키워도 되는 것일까?'라고 생각하는 사람이 있을 거 같아요. 저는 그들에게 포기하지 말라고 말해주고 싶어요. 꿈에 대한 애정과 열정이 있다면 길이 있다고 생각하거든요. 기관사가 되기 위해선 면허시험을 통과해야 되고, 면허 취득 후에는 각 회사의 입사요강에 맞는 시험공부를 해야 해요. 입사 시 유리하려면 가산점을 받을 수 있는 자격증들을 미리 따 두는 것이 좋겠죠. 이런 식으로 공부를 잘하기보다는 열심히 꾸준하게 노력해야 된다고 말하고 싶네요.

편 고졸이어도 자격증만 있으면 가능한가요?
송 네. 물론이에요. 앞서 말했듯이 철도아카데미에 입교해서 철도차량운전면허증을 취득하고 입사시험에 합격한다면 실제 회사에서도 학력에 제한을 두고 채용을 하지 않기에 기관사가 되는데 전혀 문제가 없어요.

편 준비하는 과정에서 가졌던 마음가짐이나 특별했던 자신만의 공부 방법이 있나요?
송 저 같은 경우에는 철도 관련 대학에 들어갔기 때문에 입학하는 그 순간부터 꿈이 기관사로 굳혀졌어요. 꿈이 명확하다는 것은 좋았지만, 취업을 준비하는 다른 대학의 친구들에 비해 너무 좁은 시야를 갖게 되는 것은 아닐까 걱정이 되기도 했어요. 그래서 '이 길이 아니면 나는 갈 곳이 없지 않을까?'라는 생각에 항상 초조해했죠. 이런 생각이 들 때마다 나의 선택을 후회하지 말자고 다짐하면서 차근차근 준비했어요. 공부하는 방법에 특별한 건 없었던 것 같아요. 저는 항상 그날의 목표량을 정해두고 그 양만큼만 공부했어요. 부족한 것은 주말에 복습하고 그날 목표량을 다 채웠으면 더는 공부하지 않고 휴식하면서 머리를 식혔죠. 학교에서 동기들과 함께 면허 공부를 하다 보니 모르는 게 있으면 서로 알려주면서 공부했는데 그게 가장 큰 도움이 되었어요.

편 기관사가 되기 위해 필요한 자격이 있나요?

송 필수적으로 필요한 자격증은 철도차량운전면허증이에요. 필기시험과 기능시험 모두 한 번에 합격한다면 약 6개월 정도의 시간이 소요되는 자격증이죠. 19세 이상 응시가 가능하며, 신체검사를 통과해야 하므로 건강한 신체도 필수 자격이라고 할 수 있겠네요.

편 철도차량운전면허증의 종류에는 어떤 것이 있나요?

송 어떠한 자격증을 취득하느냐에 따라 운전할 수 있는 철도차량의 종류가 다르기 때문에 면허증에도 종류가 있어요. 고속철도차량운전면허, 디젤차량운전면허, 제1종 전기차량운전면허, 제2종 전기차량운전면허, 철도장비운전면허, 노면전차운전면허로 총 여섯 가지죠. 이 중에서 고속철도차량운전면허는 바로 취득할 수 없고요, 디젤차량, 제1종 전기차량 또는 제2종 전기차량에 대한 운전 업무를 수행한 경력이 3년 이상 있어야 시험 응시가 가능해요. 또 각 면허증 종류에 따라 필기시험 과목의 종류와 수가 다르죠.

편 가산점을 받을 수 있는 방법이 있을까요?

송 철도차량운전면허증제2종 전기동차운전면허은 필수로 필요한 자격증이지만 그 밖에 입사 시 가산점을 받을 수 있는 자격증이 있어요. 철도회사별로 가산되는 점수는 각각 다르지만 보통 전기기사, 철도차량기사, 산업안전기사, 철도운송산업기사 자격증이 있다면 가산점을 받을 수 있죠. 또한 회사마다 토익점수로 지원을 제한하는 곳이나 점수에 따른 가산점을 주는 회사도 있으니 미리 준비가 필요해요.

편 기관사가 되려면 외국어를 잘해야 하나요?

송 회사 입사 시 토익점수에 따라 가산점을 주는 회사도 있고 서류에 토익점수를 기입하는 회사도 있어요. 그뿐만 아니라 응시자격에 토익점수로 제한을 두는 회사도 있죠. 회사마다 토익점수를 보는 곳과 보지 않는 곳이 있으니 그에 맞춰 준비 하면 될 것 같아요. 실제 기관사 업무 시에서도 간단한 영어회 화는 필요해요. 가끔 종착역에서 내리지 못하고 열차 안에서 기다리는 외국인들이 있거든요. 안내해줄 정도의 영어회화 수 준이면 문제없어요. 영어를 잘 못한다고 해도 업무에 큰 지장 을 주는 일은 없으니 너무 걱정하지 않아도 되지만 이 말을 듣 고 영어공부를 소홀히 하지는 않았으면 해요. 무엇이든지 준 비해서 나쁠 건 없잖아요. 기회란 준비된 자들에게 주어지는 특권이니까요. 우물 안 개구리가 되지 말고 본인의 소양을 쌓 기 위해 꾸준히 영어공부를 했으면 좋겠어요.

편 좋은 기관사가 되기 위해서는 어떤 덕목을 갖추어야 하나요?

송 현장에서 일하면서 항상 느끼는 거지만 기관사로서 가장 중요한 덕목은 책임감이라고 생각해요. 내가 일의 주체가 되기 때문에 이에 따른 책임은 필수인 거죠. 열차를 이용하는 승객들의 안전과 열차 정시 운행은 시민과의 약속이기 때문에 기관사에게 있어 책임감은 불가분의 관계라고 생각해요. 그다음 중요한 것은 빠른 판단력이에요. 열차 운행 시 사고가 발생하면 기관사는 빠른 판단을 내리고 대처해야 하죠. 승객이나 물체가 출입문에 낀 것인지 기계적인 출입문 고장인지 판단도 해야 하며, 빠른 속도로 움직이고 제동거리_{열차가 제동을 건 순간부터 멈}가 긴 철도의 특성상 전방에 이상 징후가 있을 시에는 주저 말고 즉시 제동을 걸어야 해요. 물론 비상상황 속에선 관제사와의 협의가 필수지만 기관사의 빠른 판단력은 안전 운행 및 정시 운행에 있어 반드시 필요한 주요 덕목 중 하나예요. 마지막으로 긍정적인 마음가짐이 필요해요. 기관사 대부분이 어두운 터널에서 오랜 시간 혼자 일하기 때문에 우울증이나 정신질환에 노출될 가능성이 높아요. 긍정적이고 밝은 생각을 통해 본인의 정신건강을 지키는 것이 중요하죠. 기관사의 건강은 열차를 이용하는 수많은 시민들의 안전과 직결되기 때문에 절대로 간과할 수 없는 덕목이에요.

편 어떤 성격을 가진 사람들이 기관사에 적합한가요?

송 차분한 성격을 가진 사람들에게 추천해주고 싶어요. 열차 사고 발생 시 기관사는 동요하지 않고 침착하게 대응해야 되기 때문이죠. 평정심을 잃게 되면 신속한 대응조치가 불가능하기 때문에 이는 절대적으로 필요한 마음가짐이에요. 실제로 저는 대학에 다닐 때 교수님들께 '열차사고 발생 시 한번 심호흡을 해서 마음을 가다듬어야 한다.'라는 조언을 귀에 못이 박히도록 들었어요. 타고난 성격이 차분하다면 기관사라는 직업과 잘 어울릴 것 같아요. 꼼꼼한 성격도 갖추어야 해요. 출근시간이 매일매일 바뀌기에 항상 확인을 잘해야 하죠. 깜빡하면 제시간에 출근하지 못할 수도 있으니까요. 그리고 아무래도 반복된 업무를 하다 보니 오랜 시간 일하다 보면 멍해질 때가 있어요. 그렇기 때문에 미 취급 사례를 방지하기 위해 지적하고 확인하며 말로 복창하면서 일하는 '지적확인환호'를 성실히 해야 해요.

긍정적인 사고도 중요해요. 앞서 말했듯이 어두운 터널 내에서 혼자 일하다 보면 우울증이나 공황장애를 겪게 될 수

Job
Propose 10

있거든요. 긍정적인 태도와 밝은 생각을 가진 사람들이라면 그런 질병에 걸릴 확률이 낮겠죠. 간혹 '내가 탄 열차가 사고가 나면 어떡하지?'라면서 걱정이 많은 기관사를 보기도 해요. 걱정한다고 일어날 사고가 발생하지 않는 것은 아니기 때문에 의미 없는 걱정들을 과하게 할 필요는 없겠죠. 회사에서 교육받을 때도 "우리는 운수업 종사자들이다. 우스운 소리로 얘기하자면 사고는 운에 달려있다. 열차사고가 발생하면 '오늘은 운이 없는 날이구나!'라고 생각하고 마음을 편히 먹어야 한다. 그렇지 않으면 기관사라는 업무를 계속할 수 없다"라고 이미지 트레이닝을 많이 받았어요.

마지막으로 예민하지 않은 분에게 추천하고 싶어요. 기관사는 야간 근무 시 잠을 자는 곳이 일정하지 않고 매번 다르거든요. 기관사들 중 잠자리에 예민한 분들은 야간 근무 시 아예 잠을 못 자는 분들도 있어요. 반면에 잠자리가 바뀌어도 어디에서든 잘 자는 분들도 있고요. 그래서 어디든 머리만 대면 잘 수 있는 사람은 기관사가 천직일 거라는 우스갯소리도 저희들끼리 하곤 해요.

편 유학이 필요한가요?

송 유학이 꼭 필요하진 않아요. 하지만 유학을 통해 견문을 넓히고 그 나라 철도시스템에 대해 공부할 수 있다는 점을 생각하면 분명 좋은 기회겠죠.

기관사가 되면

편 연봉은 어느 정도인가요?

송 많은 사람들이 기관사라고 하면 연봉을 많이 받는 줄 아시더라고요. 하지만 그렇지 않아요. 공기업 중에서는 낮은 수준이고, 연봉 상승률 역시 낮아요. 물론 호봉제여서 오래 일하면 꾸준히 오르기는 해요. 아무래도 공기업이다 보니 대기업처럼 큰돈은 벌지 못해요. 하지만 오랫동안 안정적으로 다닐 수 있다는 것이 가장 큰 장점인 거 같아요. 높은 연봉을 기대하고 기관사를 꿈꾸는 분들에겐 추천하지 않아요.

편 초임자의 연봉은 보통 얼마인가요?

송 제가 올해 입사 3년차인데 4000만 원 정도 받고 있어요.

편 연봉 체계를 알려주세요.

송 기관사들은 기본급 외에 야간수당, 기술수당, 승무보조비를 받아요. 또 야간수당에 따른 야식비를 지원받기도 하죠. 연말에는 본인이 일한 성과의 평가에 따라 성과급을 차등 지급받아요. 마지막으로 복지 포인트를 받는데요. 1년에 한번 부여

받고 이를 1년 동안 쓰는 거예요. 포인트 사용 규정에 따라 병원 진료나 개인 여가생활 및 여행비용 등에 쓸 수 있어요.

편 기관사의 직급 체계는 어떻게 되나요?

송 철도회사마다 차이가 약간씩 있을 거예요. 저희 회사 같은 경우는 1급에서 7급까지 총 7단계로 나누어져 있어요. 직급 명칭은 1급 본부장, 2급 처장 및 소장, 3급 부장, 4급 차장, 5급 과장, 6급 대리, 7급 주임으로 되어 있으며 입사하면 7급인 주임이 돼요. 7급에서 4급까지는 자동 진급이 적용되며, 자동 진급 소요기간은 각 급수마다 차이가 있어요. 7급에서 6급이 되려면 5년, 6급에서 5급이 되려면 6년, 5급에서 4급이 되려면 7년이 걸리죠. 물론 본인의 업무 능력, 회사 기여도 및 대외 수상경력이 있을 경우 특별승진을 하거나 승진에 가점을 받아 자동 진급 기간보다 먼저 승진할 수도 있고요. 기관사는 4급부터 7급까지 열차를 운행하는 동일한 업무를 하며 3급부터 관리자가 돼요. 3급 직함인 부장은 기관사의 출근 점호 및 종료 점호를 맡으며 사업소 내 업무처리를 도맡아요. 2급 직함인 처장과 소장은 말 그대로 사업소의 장(현업)이자 처의 장(본사)이에요. 마지막으로 1급 직함인 본부장은 승무 분야를 대표하는 자리예요. 가장 높은 직급인 만큼 회사에서 운영하

고 있는 모든 호선 및 각 사업소에 대한 업무보고를 받고 관리
해야 하는 중책을 맡고 있어요.

편 주기적으로 적성검사는 받나요?

송 앞서 말했듯이 기관사는 철도차량운전면허 시험을 보기 위해서 적성검사를 봐야 해요. 그때 본 적성검사의 유효기간은 10년이죠. 즉 10년마다 적성검사를 새로 받아야 해요. 참고로 철도안전법 개정으로 인해 철도종사자의 적성검사 주기가 현행 10년에서 5년으로 단축 예정에 있어요. 철도안전법에 '철도운영자 등은 기관사가 신체검사·적성검사에 불합격하였을 때에 그 업무에 종사하게 하여서는 아니 된다.'라고 공지되어 있기 때문에 불합격 공지를 받으면 업무를 할 수 없어요. 운전 적성검사에 불합격한 사람은 적성검사 검사일로부터 3개월 뒤에 다시 적성검사시험을 볼 수 있기 때문에 재시험을 보는 경우도 종종 있어요.

[편] 근무 시간은 어떻게 되나요?

[송] 보통 회사에 나오면 열 시간에서 열두 시간 정도 사업소에 머물러요. 출근 점호를 30분 동안 받은 뒤 전반사업을 하고 오죠. 그 뒤에 쉬는 시간을 세 시간 내지 다섯 시간 정도 갖고 후반사업을 한 뒤 마지막으로 종료 점호를 30분 동안 받고 퇴근해요. 전반사업과 후반사업을 합치면 하루 평균 150km 정도 운행을 하고, 시간으로 따지면 약 다섯 시간 정도 열차 운행 업무를 하고 있어요.

[편] 휴일에도 일하나요?

[송] 기관사는 업무 특성상 남들이 쉬는 공휴일에 쉴 수가 없어요. 근무 스케줄이 교번제로 돌아가기 때문에 남들이 쉬는 날 쉬기도 하지만 대부분은 쉬지 못하는 경우가 많죠. 그래서 상당수의 기관사들이 가족끼리 휴가를 가거나 해외여행을 갈 때는 성수기를 피해 비수기를 이용해요. 비수기에 가면 가격도 저렴할 뿐만 아니라 사람이 붐비지 않아 여유롭게 여행을 즐기기 좋거든요. 기관사들 근무는 주간, 야간, 비번, 휴무로 이

루어져있어요. 이 네 가지 근무 패턴 중 휴무는 출근하지 않는 날이에요. 이날에는 추가로 근무를 하거나 회사에 나오지 않아도 되죠. 하지만 그날 일이 생겨 사업소 내 휴가자가 많을 경우에는 추가 근무자가 필요해져요. 이런 날에는 추가로 일할 수도 있어요. 하지만 추가 근무가 강압적이진 않아요. 개인 사정이 있을 경우 거절할 수 있죠. 쉬는 날 나와서 추가로 일할 경우에는 시간외 수당을 받기 때문에 대다수의 기관사들이 추가 근무를 선호하기도 해요.

편 근무 여건은 어떤가요?

송 대부분의 지하철 기관사들은 폐쇄된 좁은 공간에서 오래 일해요. 그뿐만 아니라 심도 깊은 지하에서(역사 평균 심도는 23m, 최고 심도는 56m) 장시간 열차 운행을 하죠. 짧게는 두 시간 길게는 세 시간 이상씩 연속된 근무를 해야 하기 때문에 기관사들이 받는 스트레스가 커요. 이로 인해 우울증을 겪고 있는 분들도 계시죠.

편 조종실 안에서 근무하는 것이 답답하지는 않나요?

송 열차 운전실 안은 여러분이 생각하는 것보다 훨씬 좁아요. 기관사가 업무를 하기 위해 의자를 펼쳐서 앉아있으면 사람 한 명 지나갈 여유 공간조차 없죠. 좁은 공간에서 장시간 일하다 보니 답답한 것은 사실이에요. 더군다나 대부분 지하 구간이기 때문에 어두워서 더 답답하게 느껴질 때도 많죠. 제가 일하는 7호선 구간은 청담대교와 도봉산역, 장암역 이렇게 총 세 군데의 지상 구간이 있어요. 그곳을 지날 때에는 창문을 열어 환기를 시키고 잠시나마 답답했던 마음을 날리려고 하죠. 근무환경이 이렇다 보니 쉬는 날에는 답답한 공간에 있기보다 탁 트여있는 공간에 있으려고 해요.

편 사무실 환경이나 분위기는 어떤가요?

송 제가 일하는 사업소에는 헬스장과 탁구장, 안마의자가 있고 여러 대의 컴퓨터가 비치되어 있어요. 대부분의 기관사들이 쉬는 시간에 많이 이용하고 있죠. 그뿐만 아니라 차량기지에는 축구장과 테니스장도 있어 쉬는 날이면 운동을 하기 위해 종종 이용하기도 해요. 사업소 분위기는 자유로워요. 열차 운행을 하고 나면 나머지 쉬는 시간에 무엇을 하든 아무도 간섭하지 않거든요. 오로지 후반사업에 집중하기 위해 본인 휴양 시간을 가져요. 그 시간을 이용해 자는 사람도 있고 운동을 하거나 공부를 하는 사람도 있어요. 주간 근무에는 출근자가 50명을 웃도는 정도인데 그중 대부분이 열차 운행을 하러 가고 나머지 몇 명은 각자 휴양 시간을 보내고 있어 막상 사업소에 가보면 출근한 사람이 별로 없다는 느낌을 받아요.

편 복지 여건은 어떤가요?

송 우선 철도회사 대부분이 공기업이기 때문에 기본적으로

사업소 내 탁구장, 컴퓨터실

복지가 잘 되어 있어요. 여성의 경우 임신하게 되면 출산휴가를 쓸 수 있을 뿐만 아니라 아이 한 명당 육아휴직을 3년간 쓸 수 있어요. 또한 임신하면 열차를 타지 않아요. 대신에 사무실에서 사무업무를 도와주죠. 학업을 위한 휴직도 할 수 있어요. 이렇듯 휴직이 자유롭기 때문에 업무 복귀 역시 자유롭죠. 그뿐만 아니라 사내 직원들의 자기개발을 돕기 위해 회사에서는 한 학기당 100만 원 이내의 직원능력개발비를 지원해줘요. 이를 지원받는 조건 역시 까다롭지 않기 때문에 실제 많은 직원들이 지원을 받아 공부하고 있어요. 더불어 지하라는 특수 환경에서 일하는 직원들을 위해 힐링센터를 운영해서 업무 스트레스를 낮춰주려 노력하며 무료로 심리상담도 해주고 있어요. 또한 업무에 지친 직원들을 위해 '휴 프로그램'이라는 힐링 프로그램도 운영하고 있죠. 마지막으로 직원들의 건강을 도모하기 위해 회사에서는 1년에 한 번씩 건강검진을 시행해줘요.

編 노동 강도는 어느 정도인가요?

送 기관사는 열차 운행을 하는 매 순간 높은 집중력을 요해요. 찰나의 순간 다른 생각을 해버리면 안전한 열차 운행을 할 수 없으며 업무의 집중력은 수천 명 승객들의 안전과 직결되어 있기 때문에 매 순간 긴장을 하고 있어야 해요. 역마다 신경을 쓰고 고도의 집중을 하고 나면 정신적으로나 육체적으로 피곤해져요. 하지만 다음 운행을 하기까지 충분히 쉬는 시간을 가질 수 있도록 근무표가 작성되어 있어요. 평균 세 시간에서 다섯 시간가량의 쉬는 시간을 주기 때문에 그 사이 기관사들은 전반 운행으로 지친 몸과 마음을 정비하죠. 이렇듯 근무 스케줄은 기관사의 업무 특성에 잘 맞게 짜여 있어요.

더불어 교번 근무이기 때문에 불규칙한 생활을 피할 수 없어요. 기본적으로 체력이 뒷받침되어야 기관사 업무를 수행할 수 있죠. 저 또한 체력을 키우기 위해 입사 후 지금까지 꾸준히 운동을 하고 있어요. 하지만 기관사는 추가 근무가 없고 교번제이기 때문에 상사나 동료들과의 회식도 없을뿐더러 상사로 인한 스트레스가 없는 직업이에요. '노동의 강도가 어떠하다'라는 것은 본인이 회사업무에 임함에 있어 어떤 사항에 중점을 두는지에 따라 체감하는 정도가 다르기에 확답을 내리기가 어려운 거 같네요.

편 정년은 언제까지인가요?

송 철도안전법에 운전업무 종사자는 반드시 일정 기간마다 건강검진과 적성검사를 주기적으로 해야 한다고 명시되어 있어요. 두 가지 검사를 모두 합격한다는 조건으로 기관사의 정년은 현재 공무원의 정년인 만 60세와 동일해요. 정확한 정년의 기준일은 정년이 되는 해의 12월 31일로 하고 있죠. 실제로 현업에서 종사하는 기관사들 중 정년을 앞두고 있는 선배들이 많아요. 건강상의 문제로 기관사 업무를 지속하기 힘든 분들 중 일부는 정년 전에 퇴직하기도 하죠. 하지만 대부분은 사업소 내 업무처리를 위한 자리인 운용지원 기관사로 일하거나 다른 직렬로 전직해요. 그렇기 때문에 대다수의 기관사들이 정년을 채우고 퇴직하죠. 덧붙이자면 기관사라는 직업이 정년이 보장되어 있기 때문에 안정적인 직장을 선호하는 사람들이 재취업해서 오는 경우도 많아요.

편 직업병이 있나요?

송 이례상황 발생 시를 제외하고 열차 운행은 정시 운행되어야 하기 때문에 기관사는 시간을 중요하게 생각해요. 기관사가 보는 실제 열차운행시각표는 초 단위로 되어 있어요. 역마다 초와 분을 확인해야 되기 때문에 시간에 민감하죠. 그뿐만 아니라 출근 시간이 매일 다르고 출근 시간보다 조금이라도 늦게 출근하면 열차 운행에 지장을 주기 때문에 대부분의 기관사들은 알람을 여러 개 맞춰놓아요. 저 같은 경우에는 출근 전날 스마트폰으로 알람을 열 개 가까이 맞춰놓고 자요. 특히 이른 출근이 있는 날이면 못 깰까봐 긴장이 돼서 그런지 자는 도중 깰 때도 많죠. 예전에는 핸드폰 배터리가 방전되는 바람에 알람이 울리지 않아서 출근 시간에 늦을 뻔한 적이 있었어요. 그 뒤로는 알람시계를 구매해서 출근 시간에 알람을 맞춰놓고 자요. 스마트폰과 알람시계 두 개로 알람을 맞춰 놓는 거죠. 이제는 이것이 습관이 되어 친구들과 약속시간을 잡아도 언제 나갈 준비를 해야 되는지, 언제 집에서 나가야 하는지 알람을 맞춰 놓게 되더라고요. 알람을 맞추는 게 번거롭긴 하지만 알람을 맞춰놓지 않으면 불안해요.

지하철 기관사 대부분이 지하인 어두운 터널 속에서 근무할 거예요. 저 역시 그러하고요. 그래서 그런지 음식점에 가거나 커피숍에 갈 때 아무리 맛집이라고 해도 지하라면 가지 않게 되더라고요. 일하는 내내 지하에 있다 보니 어두운 곳이나 지하에 있는 공간을 피하게 돼요. 또 운전실이라는 협소한 공간에서 오래 일하기 때문에 좁은 공간에 있는 것도 피하게 되죠. 일하지 않는 날만큼은 탁 트여있는 곳을 찾게 돼요. 그래서 그런지 많은 기관사들이 등산을 좋아해요. 마지막으로 안전에 민감해지고 다른 사람보다 더 신경을 쓰게 돼요. 기관사들은 분기별로 안전교육을 받거든요. 그때 열차 이례상황이나 비상상황 같은 최악의 상황이 올 때의 대처법을 교육받아요. 그래서 그런지 열차뿐만 아니라 다른 대중교통을 이용할 때도 갑자기 멈추거나 화재가 발생하는 등 안전사고가 발생할 때 어떻게 행동할지 생각하게 돼요.

기관사 생활을 하면서
가장 기억에 남는 순간은 언제였나요?

편 기관사 생활을 하면서 가장 기억에 남는 순간은 언제였나요?

송 하루에 수만 명이 이용하는 지하철을 운행하다 보면 정말 많은 승객들을 만나요. 열차는 이미 출발했는데 내리지 못해 출입문을 다시 열어달라고 항의하는 승객도 있고, 심야에는 술에 취해 난동을 부리는 승객을 만나기도 하죠. 출입문이 닫히고 있는데도 불구하고 무리하게 승차하여 안전사고가 일어나는 경우도 비일비재해요. 이런 승객들만 있다면 일하는 게 정말 우울하겠죠. 다행스럽게도 일하다 보면 좋은 승객들 덕분에 마음이 따뜻해질 때도 종종 있어요. 수고한다고, 감사하다고 인사해주시는 승객들을 만나기도 하고, 승강장에서 손을 흔들어 인사해주는 어린아이를 만나기도 하죠. 그런 분들을 마주할 때마다 수많은 시민의 발이 되어 일하고 있음에 자부심을 느끼고 뿌듯하지요.

편 다른 분야로 진출이 가능한가요?

송 앞서 무인운전과 관련하여 말씀드렸듯이 기관사는 무인운전 시행 중인 경전철회사에 입사하면 안전요원으로 일할 수 있어요. 그밖에도 기관사는 관제사가 될 수 있어요. 관제사란 열차 운행의 전반적인 상황을 파악하여 수많은 열차와 신호를 컨트롤하는 사람이에요. 현재 일하고 있는 대부분의 관제사들은 오랜 시간 동안 기관사로 일해 온 경험이 있으며, 그때의 경험을 토대로 전반적인 열차 운행의 시스템과 현황을 파악한 베테랑 분들이죠. 앞으로 설립될 많은 경전철에는 열차를 통제해줄 관제사가 반드시 필요해요. 관제사 자격증은 2017년부터 시행되어 새롭게 공부를 해야 취득할 수 있지만, 기관사 경력이 있다면 일부 필기과목을 면제해주고 많은 부분이 철도차량운전면허자격증 시험과목과 겹치기 때문에 취득에 큰 어려움은 없을 것 같아요. 기관사의 미래가 불안하다고 느낀다면 관제사를 추천해요. 그 외에도 5년 이상 경력을 쌓으면 교통안전공단에서 철도연구 관련 업무를 할 수도 있어요.

기관사의 미래가 무조건 밝다고 말할 순 없지만 마냥 어둡다고도 말할 수는 없을 거 같아요. 미래에 이 직업이 없어진다고 해도 기관사의 능력을 토대로 이를 대체할 수 있는 업무들이 생겨날 것이기 때문이죠. 직업의 생성과 발전, 변형, 소멸은 자연스러운 시대의 흐름이라고 생각해요. 기술이 발달하면서 인간이 설 자리가 줄어들듯이 말이죠. 만약 여러분들이 꿈꿔왔던 일을 이뤘다고 하더라도 거기에 안주하지 말고 또 다른 꿈을 만들고 그 꿈을 향해 계속 노력해야 하는 이유가 여기에 있죠. 특히 어려분이 살아갈 시대에는 더욱 더 변화가 역동적일 거라고 생각해요. 저 또한 새로운 꿈에 계속 도전할 거예요.

나도 기관사

지적확인환호 해보기

" 기관사는 역마다 지적확인환호라는 것을 해야 해요. 지적확인
환호란 인적오류로 인한 잘못된 기기 취급을 방지하기 위해 취
급할 기기 또는 확인할 대상물을 인지로 지적, 확인 후 그 상태
를 환호하는 것을 말해요. 그럼 기관사가 언제 지적확인환호를
하는지 알아볼까요? "

실제 제가 지적확인환호 중인 모습이에요.
승강장에 설치되어 있는 CCTV를 통해 승객의 승하차를
확인하고 있죠.

지적확인환호를 하는 대표적인 경우예요.

첫째, 운전 중 신호의 현시 상태, 표지 전호 및 진로의 방향, 기타 중요한 사항을 확인할 때
둘째, 차량 점검 시 주요 기기의 상태 및 기능 등을 확인할 때
셋째, 업무에 필요한 기기를 수동 취급할 때

이 중에서 운행 중 가장 많이 지적확인환호를 하는 경우는 역사 내 승강장 정차 후예요. 기관사는 역에 들어가면 가장 먼저 열차가 정위치에 정차했는지 확인하고 열차 출입문이 모두 열려 있는지 확인하기 위해 차내에 있는 출입문등 상태를 확인해요. 출입문이 열려 있으면 출입문 대표등의 불이 꺼지거든요. 그런 후 안전문이 열려 있는지 확인하고 승강장에 있는 승객들의 승하차 여부를 확인하죠. 출입문 닫힘 안내방송을 시행한 뒤 열차 출입문을 닫고 출입문등이 점등이 되는지를 확인해요. 이어서 안전문이 모두 닫혔는지 확인하고 최종적으로 승강장 CCTV를 통해 혹시 열차 출입문에 승객이나 물건 등이 끼어 있지는 않은지 확인한 후 열차는 출발해요.

역에 머무는 짧은 시간 동안 확인해야 할 사항이 정말 많죠?
수많은 승객이 승하차하기 때문에 기관사는 역사 내 진입 시
가장 많은 신경을 써야 해요. 자, 그럼 한번 따라 해볼까요?

지적확인환호 요령은 다음과 같아요.

첫째, 먼저 취급 또는 확인할 대상물을 본다.
둘째, 인지로 대상물을 지적한다.
셋째, 취급 또는 확인할 대상물의 상태를 확인한다.
넷째, 대상물의 명칭과 상태를 환호한다.

이를 바탕으로 실제 기관사들이 역에 정차했을 때 실시하는
지적확인환호를 따라 해봐요.

> 정차양호 ⋯⋯ 소등 ⋯⋯ 안전문 열림 ⋯⋯ 승하차 확인 ⋯⋯ 점등
> ⋯⋯ 안전문 닫힘 ⋯⋯ 후부양호

지적확인환호표를 참고하면 이해가 더 쉽겠죠?

지적확인환호표

지적확인환호는 우리 일상생활에도 적용할 수 있으며 이를 생활화하면 큰 도움이 될 수 있어요. 외출할 때, 전기나 가스를 잠그면서 '소등 확인', '밸브 잠김' 이런 식으로 지적환호를 하면 큰 사고를 예방 할 수 있겠죠. 단순히 눈으로 확인하는 것보다 안전성이 400퍼센트나 증가하게 된다는 연구 결과도 있거든요. 오늘부터 실천해보세요!!

차내 안내방송 해보기

❝ 1인 승무를 하는 기관사는 차장의 역할까지 혼자서 모두 도맡아야 해요. 차장의 역할 중 한 가지는 바로 안내방송이죠. 안내방송의 종류에는 실명방송, 사과방송, 행복방송, 공지방송, 스토리홍보 등이 있어요. 차내 안내방송 시행은 열차를 이용하는 승객들에게 이번에 내릴 역에 대한 단순 서비스 제공의 기능뿐만 아니라 열차 내 사고 발생 시 승객들의 동요를 예방하기 위한 기능도 있어요. 기관사 업무를 하다 보면 여러 가지 상황에 맞는 안내방송을 해야 하기 때문에 그 자리에서 즉흥적으로 안내방송을 하기도 하지만 미리 준비해두는 경우가 많아요. **❞**

실제 기관사들이 사용하는 안내방송 문구 몇 가지를 소개할게요.

실명방송

승객 여러분 안녕하십니까? 항상 우리 서울교통공사 7호선을 이용하여 주셔서 대단히 감사합니다. 저는 도봉산행 제7124 열차를 운전하는 서울교통공사 기관사 송다연입니다. 오늘도 편안한 저녁 시간 되시기 바라며 가시는 목적지까지 안녕히 가십시오. 감사합니다.

사과방송 – 비상인터폰 수신으로 비상정차 시

승객 여러분께 안내 말씀드립니다. 이 열차는 네 번째 칸 비상인터폰 동작으로 비상 정차했습니다. 확인 결과 위급 환자가 발생했으나 승객 안전과 열차 운행에는 이상이 없으니 안심하시기 바랍니다. 아울러 차내 비상상황 발생 시 객실에 설치된 비상인터폰을 누르면 기관사와의 직접 통화가 가능합니다. 비상인터폰은 비상시에만 사용하여 주시기 바랍니다. 감사합니다.

객실 냉난방 관련 방송

승객 여러분께 안내 말씀드립니다. 현재 우리 열차 객실 평균 온도는 19℃로 쾌적한 객실 온도 유지를 위해 난방기기를 전 난방으로 가동 중에 있습니다. 난방기는 온도 센서에 의해 가동되며 의자가 예열되기까지 다소 시간이 걸릴 수 있습니다. 의자가 다소 차갑게 느껴지는 승객 여러분들께서는 이점 널리 양해하여 주시기 바랍니다. 고맙습니다.

객실 비상인터폰 점검

실제 안내방송을 읽어보니 어떠셨나요? 지하철을 이용하면서 자주 들어본 내용인가요? 이제 내가 기관사가 되었다고 가정하고 주어진 상황에 맞는 안내방송 문구를 직접 만들어 보세요. 더불어 승객의 입장에서 들었을 때 기분이 좋아지거나 혹은 일과를 힘차게 시작할 수 있는 안내방송 문구도 만들어 보세요.

01_관제사로부터 앞 역에 열차가 있어서 추가 정차하라는 지시를 받은 상황이에요. 차내 안내방송을 어떻게 하면 좋을까요?

Tip

승객 여러분께 안내 말씀드립니다. 승차하고 계신 우리 열차 앞 열차와의 안전거리 유지를 위해 이번 역에서 잠시 정차 후 출발하도록 하겠습니다. 승객 여러분의 열차 이용에 불편을 드려 대단히 죄송합니다. 우리 열차 잠시 후에 출발하도록 하겠습니다. 감사합니다.

02_출근길에 지친 승객들에게 힘이 될 수 있는 안내방송으로 무엇이 좋을까요?

서울교통공사를 이용해주시는 승객 여러분 안녕하십니까? 오늘밤 서울·경기 지방에 많은 비가 예상된다는 기상청 예보가 있었습니다. 비 피해가 없도록 사전 대비를 철저히 하시기 바랍니다. 아울러 출근길에 지친 승객 여러분의 피로도 비와 함께 씻겨 내려가길 바랍니다. 오늘도 행복한 하루 보내시길 바라며 즐거운 일만 가득하시길 바랍니다. 감사합니다.

열차 이례상황 시 관제사와 무전해보기

❝

기관사는 열차 운행 중 이례상황이 발생하거나 설비에 이상을 발견했을 경우 바로 관제에 보고해야 해요. 관제사는 기관사가 운행하는 열차들의 전반적인 운행 상태와 신호체계를 확인하고 운전명령을 내리죠. 이렇듯 기관사와 관제사는 파트너 같은 관계를 유지하고 있어요. 기관사와 관제사 간의 의사소통이 원활해야 열차사고를 미연에 방지할 수 있을 뿐만 아니라 열차사고 발생 시 대형사고 및 병발사고^{한 가지 사고로 인해 연이은 다른 사고가 발생되는 상황}로 이어지는 것을 예방할 수 있죠. 더불어 열차 내 비상상황 발생 시 혹은 차내 고장 발생 시 기관사는 반드시 관제에 보고 후 조치를 취해야 해요. 즉 선보고 후조치의 보고체계를 가지고 있죠.

❞

열차무선통화 시에도 기본원칙이 있어요. 그 원칙은 다음과 같아요.

첫째, 통화는 신속, 정확하고 절도 있게 한다.
둘째, 통화는 간단, 명료하고 내용은 충실하게 한다.
셋째, 통화는 경어를 사용한다.
넷째, 통화 시는 사실 내용을 그대로 한다. (과장 또는 예측은 절대 금물)
다섯째, 중요한 통화 내용은 복명복창한다.

기관사가 관제사와 연락할 수 있는 방법은 크게 세 가지가 있어요. 유선전화기인 TRCP, 무선전화기인 TRS, 업무용 휴대전화가 있죠. 주로 사용되는 것은 TRS예요.

하지만 TRS는 일방통신만 되기 때문에 긴급한 상황에서 사용하기엔 부적절해요. 예를 들자면 객실 내 응급환자 발생으로 객실에 출동해야 하거나, 열차 출입문 고장으로 현장 조치가 필요할 경우죠. 이런 경우에는 관제사와 기관사의 양방 통화가 되어야 실시간 보고가 가능하고 신속한 조치도 가능하거든요. 이런 특별한 경우에는 업무용 휴대전화를 사용해요.

TRCP   TRS

제가 일하는 7호선의 경우 TRS의 열차무선 존^{Zone}은 다섯 개
로 나누어져 있어요. 그 존에 열차가 들어오면 기관사가 수동
으로 조작해서 무전기의 존을 바꿔요. 더불어 관제사와 통화
할 경우에는 본인이 운행하고 있는 열차번호와 열차 편성을
먼저 얘기해야 해요.

보다 자세한 열차 무선통화 사용법에 대해 알아볼까요?

첫째, 통화하고자 하는 채널 또는 기지국이 통화 중이 아님을 먼저 확인한 후 채널 또는 해당 기지국을 누르고 1회 호출한다.

둘째, ○○(상대국) 호출하고 ○○(자국)을 1회 호명하여 상대국의 응답을 수신한 다음 용건을 통화한다.

셋째, 통화 시는 송수화기의 누름단추를 누르고 송화해야 하며, 수화 시에는 놓는다.

넷째, 수신 시에는 음량을 충분히 알아들을 수 있도록 조정해야 하며, 주요사항은 복창한다.

다섯째, 통화 시 송신자가 수화자에게 송신을 넘길 때는 말미에 '이상'이라 한다.

여섯째, 통화의 용건이 모두 끝났을 때는 자국에서 말미에 '통화 끝'이라 하며 통화를 종료한다.

이해가 되셨나요? 그렇다면 객실 내 응급환자가 발생했다고 가정해보고 관제사와의 무전 시 어떻게 말해야 할지 생각해보세요.

기관사: 관제 7123 열차 701 편성 이상

관제사: 네. 7123 열차 이상

기관사: 현재 저는 100대 운전실이며 400대 칸에서 승객경보
장치가 울려 민원사항을 확인해보니 객실에 복통을
호소하는 환자가 발생했다고 합니다. 이상

관제사: 7123 열차 해당 역의 역 직원을 열차로 호출할 예정
이니 객실 내 안내방송을 시행한 뒤 역직원 승차 여부
확인해주시기 바랍니다. 이상

기관사: 네. 수신했습니다. 이상

기관사는 객실 내 응급환자 발생으로 이번 역에서 잠시 정차하
겠다는 안내방송을 차내에 반복 시행해요. 역직원이 해당 칸에
승차하고 응급환자와 함께 열차에서 하차한 것을 확인하죠.

기관사: 7123 열차 역직원이 응급환자와 함께 하차하는 것을
확인했습니다. 이상

관제사: 7123 열차 객실 내 열차 지연 사과안내방송 시행하시
고 안전 운행하시기 바랍니다. 이상

기관사: 네. 수신했습니다. 통화 끝

이렇게 직접 기관사와 관제사가 통화하는 내용을 들어보니 한결 이해하기 수월해졌죠? 그럼 이제 친구와 둘씩 짝을 지어서 한 명은 기관사 한 명은 관제사 역할을 맡아 직접 무전 내용을 만들어 볼까요? 위와 같은 상황을 여러 번 연습해도 좋고 새로운 상황을 만들어 연출해보는 것도 좋겠네요.

기관사 업무 엿보기

안녕하세요? 저는 송다연 기관사에요.

오늘은 주간 근무를 하는 날이라 오전 6시까지 출근해야 해요.

AM 06:00 출근

기관사 유니폼으로 갈아입은 후 기관사 업무 가방을 챙겨요.

업무 시 필요한 개인용품 등을 준비하죠.

그리고 출근 사인을 해요.

승무 가방
가방에는 열차운전시각표와 승무일지, 휴대용무선전화기,
전동차 응급조치 매뉴얼, 개인임무카드가 들어 있어요.

안전운행 실천 핵심사항

- 운전관계 규정 준수 및 숙지 철저
- 가을철 DIA 시행: 출근시각 및 행로표 · 열차시각표 확인 철저
- 승무 본부장 당부사항 이행 철저
- 승객비상인터폰 동작 시 확인 조치(미확인 시 현장 출동 조치)
- 운전정보 6호: 출입문 열림상태에서 영업운전 절대금지(회송 조치)
- 최근 연이은 장애.사고 관련 SOP 및 규정 준수(안전의식 고취)
- 돌발상황 발생 시 승객 안내방송 우선 실시 후 관제 상황보고
- 지적확인환호 시행 철저(규정 변경)
  정차양호 ⋯→ 소등 ⋯→ 안전문 열림 ⋯→ 승하차
  확인 ⋯→ 점등 ⋯→ 안전문 닫힘 ⋯→ 후부양호
- 승강장 안전문 및 출입문 취급시 열림
  확인 철저(특히 중곡역)
- 첫 열차 및 막차, 근무 교대역 PSD 출입
  시 출입문 개 · 폐상태 확인

음주감지기

아침 점호 내용을 모니터로 확인하고, 음주 상태는 아닌지
측정해요.

AM 06:30 아침 점호

열차 운행에 필요한 전반적인 사항에 관해 브리핑을 받아요.
이때 안전한 열차 운행을 할 수 있는 상태인지 확인하기 위해
음주측정을 받죠.

그리고 기관사 안전수칙을 되새기며 안전 운행을 위한 다짐을
굳게 해요.

AM 07:00 승강장으로 이동

교대할 승강장에 10분 전에 미리 도착해요.

그 후 교대할 기관사와 교대하죠.

교대 시에는 운전 명령 등에 대한 정보를 받고, 열차 특이사항
에 대해 전달받아요.

AM 07:10 전반사업 시작

본격적인 전반사업 업무가 시작됐어요.

가장 먼저 열차에 승차해 열차 상태 및 운전용품 등을 확인하죠.

그 후 신호와 지정된 속도코드에 맞게 열차를 운행하고 매 역
마다 지적확인환호를 하며 안전한 열차 운행 업무에 최선을
다해요.

AM 10:00 이례상황 입력 및 보고

전반사업을 마치고 오면 기관사는 운행한 열차에 관한 이례상
황을 입력해요.

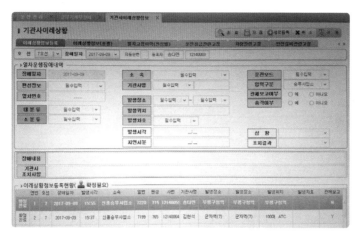

유피스, 이례상황을 입력하는 창이에요.

이례상황을 입력하면 다음에 이 열차를 타게 될 기관사의 열차 운행에 도움이 될 뿐만 아니라 이 정보는 차량기지에도 전송이 되기 때문에 차량 점검 시 참고사항이 되죠.

보다 안전한 열차 운행을 위해 기관사들은 이례상황 입력에 최선을 다해요.

AM 10:00 ~ PM 02:00 휴게시간

후반사업을 위한 휴게시간을 가져요.

전반사업을 마치면 사업소 내에서 각자 휴식을 취해요.

지친 몸과 마음을 정비하는 것이죠.

오늘 저는 이 시간을 이용해 식사를 하고, 음악을 들으며 휴식

을 취할 거예요.

PM 02:00 후반사업 시작

오늘의 후반사업은 차량기지에 가서 열차를 출고해온 후 영업

열차를 운행하는 것이에요.

열차가 출고하는 시간보다 한 시간 미리 차량기지로 가서 KEY

를 받고, 출고 점검을 해요.

열차가 안전하게 운행할 수 있는지 마지막으로 점검하는 단계
이니 열차 출입문 상태, 안내방송 상태, 제동상태, 출력상태
등을 꼼꼼히 확인하죠.

차량기지에서 차량 점검을 받기 위해 대기 중인 차량

출고 전 차량 상태 점검

출입문 상태 점검

PM 05:00 사업소로 복귀

후반사업을 마치고 사업소로 복귀해요.

전반사업 때와 마찬가지로 열차 이례상황을 입력한 후 종료 점호받죠.

다음 출근 시간을 확인하고 퇴근하면 비로소 기관사의 하루가 끝나요.

기관사 승무상황표

기관사는 매일 출근하면 승무상황표를 받아요. 승무상황표는 당일 열차 운행에 있어 필요한 정보들을 제공해줘요. 실제 기관사들이 업무에 사용하는 승무상황표를 보면서 어떤 것들이 공지되어 있는지 확인해볼까요?

A 기관사가 출근해서 오늘 일하게 될 승무 구간에 관한 것을 한눈에 보기 편하게 행로표로 현시해 놓은 것이에요. 열차 출발시각과 도착시각뿐만 아니라 타게 될 열차번호까지 기록이 되어 있어요.

B 오늘 일하는 시간에 관한 정보들이 기록되어 있어요. 운전시간은 어느 정도인지 대기 시간은 어느 정도인지 오늘의 주행 거리에 관한 것과 그날 타게 될 열차운행편성에 관한 정보가 기록되어 있죠. 또한 다음 근무 출근 시간에 관해 공지도 되어 있어요.

C 안전한 운전 업무를 위해 필요한 정보가 담겨있으며 크게

【승무상황표】 운행일자: 2017-09-10 【일요일 휴 · 편 】　낮씨:맑았다 흐림 : 최저기온 19℃, 최고기온 27℃

근무번호	10	DIA	출근시간	07:51
성명	송다연		퇴근시간	16:57

송무구간

다음 근무			
교반	92	출근시간	20:35

	계		09:06
운전	05:18	대기	02:47
편승	00:00	감시	00:00
준비	00:30	정리	00:30
심야	00:00	교육시간	00:00
주행키로			163.6 Km
누적주행키로			74238.7 Km
비고			
운행편성	714		703

도기 장암 도봉 태릉 G 대공 건대 청담 내방 I 보라 신촌 K 천가 C 온수 부평

08:21 ─── 7041 ─── 08:37
10:08 ─── 7070 ─── 08:46
10:15 ─── 7101 ─── 11:20
15:14 ─── 7172 ─── 14:08
15:21 ─── 7203 ─── 16:26

C	운전 관계	정기	◎ 운전정보 제5호: 5호선 전차선 철거를 통한한 차량고장 ◎ 운전정보 제6호: 8호선 출입문 1개 개방상태에서 운행 ◎ 지적확인환호 철저(절차양호·소등·안전문열림·승하차확인·점등·안전문닫힘-후부앞호)
		임시	

D	지시 사항	<7호선운전취급주의개소>성식승강장 10개역, 하선-온수역 승강장, 상하선-도봉 산,남영,용마산,장암배기,고속터미널,철산역 승강장　※ 차량기지 출고시 점 검발최 및 장시출발　※ 승강장 안전문 제어반 바이패스 스위치 임의 취급 금지, ※ 차량기지 출고시 점 검발최 및 장시출발　※ 3차분 전동차 부평구청역 회차 시 상선 정지위치 초과정차 주의 ＊본부장 지시. 출입문개폐시 안전문 개폐확인철저, 출입문 폐문시 승객통타 이 상 또는 끼임의심시 전체출입문 개방, 돌발상황(화재, 폭음, 전차선단전 섬광 등) 승객안전 최우선조치(안내방송 및 승	※ 열차무선 통화시 복명복창 철저, 7호선 차종별 1UNIT 판토한강 조치방법 전파교 육. ※ 태러예방 및 골든타임 단계별 개인임 무카드 휴대 및 숙지 ※ 첫열차.마지막열차 근무교대역 PSD 출입 시 출입문확인철저
	교육 제목	9월 일일(안전보건)교육	기타

서행 개소	호선	구분	적용기간		장소		속도 (km)	사유
			시작일	종료일	구간	키로정		
차단단전	7	기지	2017-09-10	2017-09-10	도봉기지	도봉기지 단전/여름철 특별점검 등(13:00~15:00)		
차단단전	7	기지	2017-09-10	2017-09-10	천왕기지	기지S/S 54C1~C4 전차선로 6개월 점검 등(13:00~15:00)		

E

발생일자	편성	위치	고장유형	고장현상	조치사항
2017-09-07	703	3픽복부	신호장치	0대운전실. 부평구청→굴포천 3픽색 부근에서 순간무 신호 수회발생	충격 사과방송. 관제보고
2017-09-07	703	남습하 선	PSD-출입문	1000대운전실. 출발시 안전문 전체 자동 닫힘 안됨	기관사조작반 전체닫힘틸버튼 수동취급. 관 제보고
2017-09-07	703	상동상 선	PSD-RF장치	0대운전실.정차시 차상RF장치 오동작. 경고음 5회연 속발생	출입문모드 자/수 및 출입문 전체열림 확인 후 정상운행
2017-08-29	714	미달정 차	ATC 불량	역마다 -450mm씩 미달정차.(출곡역 전체 출입문 열림 불가 1회)	관제보고 후 정섬운행
2017-08-28	703		기타	도봉산 승강장 중간지점 진입시 무코드 발생	1.15킬로 취급 2. 관제 통보
2017-08-28	703	3-3	PSD-출입문	3-3 안전문 닫힘 불능.	관제통보 및 출입문 재개폐 1회로 복귀후. 정상운행
2017-08-28	703		PSD-출입문	PSD 자동연동 닫힘 불가	수동 닫힘 취급 관제 통보
2017-08-25	714	이수역3 픽색	ATC 불량	이수하선 운행중 자동운전 취소로 정차 고장내역(AT O-TRA링크 고장)	사과안내방송시행. 관제보고, 이수역까지 수동운전. 정위치 정차후 정상운행
2017-08-24	714	하선승 강장	기타	7045(7114편성)열차 이수 하선 승강장 진입중 고장 코드번호 816 ATO-TRA링크고장 발생	자동 정상복귀 되어 정상운행 하였으며 신대 방 차량직원 탑승하여 이상없음 확인 후 하
2017-08-23	714		PSD-출입문	PSD 7-2 늦게 닫힘	관제 통보
	714		인버터치차 불량	회생 제동력 피드백 고장 (378)	관제 통보

정기와 임시로 나누어서 운전 정보를 구별해 놓았어요.

D 당일 근무에 필요한 운전 지시사항 기록이에요. 예를 들어 선로 내 서행개소열차 운행 안전상 필요에 의해 서행이 필요한 구간을 정하고 지정 서행속도로 운행하는 것부분이나 전차선 단전전차선 점검을 시행할 경우에 관한 사항들이 기록되어 있으면 기관사들은 이 사항을 열차 운행에 참고하죠.

E 오늘 타게 될 열차 편성에 관한 정보예요. 전에 이 열차를 탔던 기관사들이 적어둔 이례상황 기록들을 옮겨둔 거예요. 보다 안전한 열차 운행을 할 수 있도록 정보를 기재해 놓은 것이죠. 기관사는 열차 운행을 하러 가기 전 이런 정보를 확인하고 주의해야 할 사항들을 숙지해요.

기관사에게 궁금한

A to Z

편 고속도로 규정 속도가 있듯이 지하철도 규정 속도가 있나요?

송 네. 지하철도 고속도로와 마찬가지로 규정 속도가 있어요. 지하철 규정 속도는 굉장히 중요해요. 규정 속도를 어기면 열차 탈선이 발생하여 대형사고로 이어질 수도 있기 때문이에요. 규정 속도를 정하는 기준은 다양해요. 기준에 영향을 주는 요소를 보면, 선로 기울기에 따르기도 하고 선로 곡선의 반경에 따르기도 하며 정거장 내 제한속도나 분기기^{철도에서 열차 또는 차} ^{량을 한 궤도에서 다른 궤도로 옮기기 위하여 선로에 설치한 설비}에 따른 제한속도 등 다양하죠. 이는 기관사가 선로를 운행함에 있어 가장 기본적으로 숙지해야 하는 사항들 중 하나예요. 기관사들은 평상시 선로 규정 속도뿐만 아니라 이례상황에 알맞은 규정 속도도 반드시 숙지해야 해요. 예를 들어 차량기지 내에서 운전속도는 25km/h 이하, 검사고^{차량의 정밀검사를 진행하는 곳} 진입 시에는 5km/h 이하, 지령식^{신호 시스템이 정상적이지 않을 때 사용되는 열차 운행 방법 중 하나}에 의하여 운전할 경우는 45km/h 이하 등이 있죠. 숙지해야 할 규정 속도의 종류가 많기 때문에 기관사들은 끊임없이 교육받고 공부해요. 규정 속도는 수많은 승객들의 안전뿐만이 아니라 열차를 운행하는 본인을 위해서도 반드시 숙지해야 하는 사항이

20km로 속도제한이 되어 있음을 알리는 표지

니까요.

편 운행 중 지칠 때는 어떤 생각을 하나요?

송 열차 운행 업무 중 세 시간 이상 운전을 할 때는 정신적으로나 육체적으로 지칠 때가 종종 있어요. 그럴 때마다 열차사고에 관해 생각해요. 대학에 다니는 동안 인적오류로 인해 발생한 사고 사례부터 열차의 기계적 결함에 따른 사고 사례까지 수많은 열차사고 사례에 대해 들었거든요. 머릿속에 과거에 발생했던 열차사고 사례를 상기시키면서 업무에 대한 책임감을 증폭시키려고 해요. 내 손에 수천 명 승객의 안전이 달려다고 생각하는 거죠. 때로는 제가 제 자신 스스로를 응원하기도 해요. '나를 필요로 하는 곳에 열정을 쏟는 일은 너무나도 멋있는 일이야'라고 생각하면서 스스로를 다독이고 기운을 북돋죠.

편 운행 중 졸음이 올 때 졸음을 피하는 나만의 방법이 있나요?

송 혼자서 근무하다 보면 대화를 할 일이 없을 뿐만 아니라 밝은 공간이 아닌 어두운 터널에서 근무해야 하기 때문에 기관사들 대부분이 졸음과 사투를 벌인 적이 있을 거라 생각해요. 특히 점심식사나 저녁식사를 하고 난 직후 바로 업무에 복귀할 때가 가장 힘들죠. 저 같은 경우에는 가방 속에 껌이나 사탕 같은 것을 항상 가지고 다녀요. 졸릴 때마다 한 개씩 먹으면 괜찮더라고요. 때로는 서서 운전하기도 하고, 노래를 부르기도 해요.

편 운전 중 화장실이 급할 때는 어떻게 대처하나요?

송 이럴 경우 무리해서 운행을 하다가는 더 큰 사고로 이어질 수 있기에 절대로 무리해서 운행하면 안 돼요. 열차 운행이 힘들 것 같다고 판단되면 관제사에게 연락해요. 관제사에게 상황설명을 하면 관제사는 해당 호선 승무사업소에 연락을 취해 대기 기관사를 보내줘요. 관제사로부터 대기 기관사와 교대할 역을 보고 받고 해당 역에서 대기 기관사와 교대하면 되는 거죠. 이러한 대안이 있긴 하지만 교대해야 할 역까지 운행해야 한다는 부담감이 있기에 기관사 대부분이 출근 전날 식이조절을 해요. 술이나 매운 음식 같은 자극적인 것들은 지양하죠. 저 역시 근무 전날엔 속이 편해지는 음식으로만 식사하는 편이에요. 근무할 때도 커피나 음료는 일체 마시지 않아요. 실제 일하는 기관사들 중 장이 예민한 분들은 출근 후 식사를 거의 하지 않더라고요. 본인의 몸이 음식에 따라 너무 예민하게 반응한다면 기관사를 하긴 힘들 것 같아요.

편 안내방송 멘트는 정해져 있나요? 개성을 살려 하는 경우도 있는 것 같은데요.

송 회사에서 기본적인 안내방송 멘트를 구성해서 배포해줘요. 대부분의 기관사들은 이 멘트 내에서 안내방송을 하죠. 하지만 개성을 살려서 안내방송을 하는 기관사들도 있어요. 저희 사업소에도 안내방송을 잘하는 선배들이 있죠. 한 선배에게 안내방송 멘트 준비에 관해 물어보니 준비 없이 즉흥적으로 방송한다는 얘기를 해줬어요. 그날의 날씨부터 스포츠 경기 결과나 승객들에게 위로나 도움이 될 만한 방송을 한다고 하더라고요. 이러한 안내방송을 하게 된 계기도 감명 깊었어요. 출퇴근 시간 지쳐있는 수많은 사람들에게 조금이나마 힘을 주고 싶어서라고 했거든요. 말 한마디에 담긴 힘을 많은 시민과 나누고 싶다는 선배의 말은 일하다 지칠 때마다 제게 큰힘이 되고 있어요. 이런 멋진 선배들과 함께 일할 수 있다는걸 항상 감사하게 생각하죠.

편 운행하기 편한 노선이나 힘든 노선이 있나요?

송 물론이에요. 기관사들 사이에서도 선호하는 노선과 기피하는 노선이 있어요. 아무래도 승객의 이용객수가 가장 큰 영향을 주죠. 승객이 많은 곳은 그만큼 안전에 더 많은 신경을 써야 하고 사고 발생 확률이 급격히 높아지기 때문에 업무 강도가 더 높다고 할 수 있거든요. 예를 들면 2호선이나 7호선처럼 승객 이용객 수가 많은 노선이 가장 힘들어요. 반면 6호선이나 8호선은 비교적 승객 이용객 수가 적어 이 노선을 선호하죠. 또 노선 운행에 사용되는 차량의 상태와 종류에 따라 업무 강도가 달라져요. 아무래도 운행하는 차량의 종류가 많아지면 그만큼 공부도 더 해야 하고 각기 다른 차량 종류에 익숙해져야 하기 때문에 기관사 입장에선 부담이 되겠죠. 제가 일하는 7호선은 차량이 네 종류이기 때문에 공부해야 할 차량이 많은 편에 속해요. 그래서 안전교육 시 교육받아야 할 사항도 많고 그에 따라 숙지해야 할 비상상황 대응법도 많죠.

편 지하철 세차는 어떻게 해요?

송 기지에 세차하는 기계가 있어요. 매일 하는 건 아니고 주기적으로 세차를 하죠. 전동차를 세차하는 기계는 세차장에서 봤던 기계보다 조금 더 큰 사이즈로 만들어져 있다고 생각하면 돼요. 기계가 작동하면 기관사는 5km 이하로 천천히 세차장을 통과해요. 세차기계가 작동하지 않는 날에는 차량기지내에 청소하는 분들이 차량의 외부나 내부를 세차하기도 하고요. 또한 지하철 내부 좌석 청소 및 에어컨 필터 청소 등을 주기적으로 시행하고 있어요. 지하철을 이용하는 많은 승객들의쾌적한 열차 이용을 위해 깨끗이 청소하고 있어요.

편 지하철 내부 청소는 누가 하나요?

송 회사 내에 청소를 담당하는 자회사가 있어요. 그곳에서근무하는 직원들이 차량기지에서 내부를 꼼꼼히 청소해주죠. 그뿐만 아니라 마지막 종착역에서도 청소를 해요. 마지막 종착역에서 기관사가 운전실을 교환하는데 그 사이에 청소를 하죠. 열차 운행 중 토사물이 있거나 커피가 쏟아져 있다는 민원이 발생할 경우에는 관제사가 해당 역 역무원에게 조치를 부탁하고 해당 역 청소 직원이 와서 청소해요.

편 지하철은 쉬지 않고 달리나요?

송 쉽게 말하면 기계이기 때문에 기관사보다는 오래 일한다고 생각하면 되겠네요. 그렇다고 쉬지도 않고 계속 운행하는 것은 아니고 지하철도 기관사처럼 근무표가 있어요. 즉 하루 운행 스케줄표가 있는 거죠. 그 스케줄에 맞게 지하철이 운행되다가 안전점검을 받기 위해 차량기지로 들어가요. 하루 몇 바퀴를 돌고 점검을 받기 위해 기지로 들어가는 식이죠. 무리하게 운행되면 기계도 탈이 날 수 있기 때문에 차량에 무리가 되지 않도록 지하철도 스케줄표가 있는 거예요.

편 출발 허가를 받아야 지하철이 출발하는 건가요?

송 그렇죠. 철도 운행에 있어서 신호는 생명과도 같이 중요하기 때문에 절대로 어기면 안 돼요. 출발 허가는 진행신호라고 생각하면 되고요. 진행신호가 현시되지 않으면 기관사는 임의로 출발할 수 없으며 임의로 출발할 경우에는 대형사고와 같은 위험한 상황이 초래돼요. 관제사는 열차 내 민원처리를 하거나 가야 할 역에 화재경보가 울리는 경우, 앞 열차가 못가는 경우에 열차가 더는 진행하지 못하도록 기관사에게 무전을 하거나 정지 신호를 보내요.

터널 내부, 정지 신호가 현시되어 있는 모습

⬛ 역에 도착해야 하는데 앞에 지하철이 있으면 천천히 가는
건가요?

⬛ 철도는 선로를 따라 움직이기 때문에 앞에 있는 열차를 앞
질러서 갈 수 없어요. 따라서 앞에 열차가 있으면 천천히 가거
나 아예 갈 수가 없죠. 열차를 이용해본 사람이라면 타고 있는
열차가 간격 조정을 위해 멈추거나 천천히 갔던 경험을 해봤
을 거예요. 이럴 때는 앞에 열차가 있어서 못가고 천천히 가는

구나 생각하면 돼요. 차량 고장 시에는 방송이 나올 테니 당황하지 말고 안내방송에 따라 침착하게 대응하면 되고요.

☑ 기관사들이 열차 운행을 할 때 명심해야 할 사항이 있나요?

☑ 여러 가지 사항들이 있죠. 그중에 몇 가지를 얘기하자면 우선 승무 장소에는 항상 위협요소가 있음을 기억해야 한다는 거예요. 그래야 업무 시 적절한 긴장이 유지 되고 인적오류 발생을 줄일 수 있거든요. 그리고 나 자신의 방심이 승객의 안전과 직결됨을 직시해야 하죠. 마지막으로 열차 규정의 준수와 지시의 실천이 열차 안전 운행을 위한 지름길임을 명심해야 해요.

☑ 쾌적한 열차 내 객실 온도 유지를 위해 기관사는 어떠한 조치를 하나요?

☑ 가장 먼저 열차가 본선에 나오기 전 출고 점검 시 냉난방기와 송풍기, 환풍기 등의 동작 상태가 정상인지를 확인해요. 외부 온도에 따라 적정온도를 미리 맞춰두어 쾌적한 객실 환경을 조성한 뒤 열차 운행을 시작하죠. 하지만 운행 중 승객들

의 승차율에 따라 객실 온도가 수시로 바뀌기 때문에 기관사는 본선 운행 중 온도에 많은 신경을 써요. 세 정거장에서 다섯 정거장을 주기로 객실 냉난방을 조절하고 승객 승차율 등을 고려하여 탄력적으로 운행하고 있죠. 더불어 객실 냉난방에 관련된 민원접수가 많다 보니 쾌적한 객실 환경조성을 위한 안내방송을 주기적으로 시행하고 있어요.

편 열차시간표는 어떻게 정해지는 건가요?
송 열차시간표는 크게 보면 열차계획에 따라 달라져요. 열차계획은 열차 안전 운행을 기반으로 경제성과 능률성 그리고 승객 서비스 요건 등 다양한 관점을 고려하여 수립되죠. 예를 들어 열차계획 구성에 있어 대표적으로 고려해야 할 사항에는 계절적인 특수 환경이 있어요. 학기가 시작되는 기간에 비해 방학 기간에는 학생들의 열차 이용이 현저히 줄기 때문에 운행되는 열차 횟수에 영향을 주거든요. 그래서 방학 기간에는 출퇴근 시간에 운행되는 열차 횟수가 줄게 돼요.

편 기관사들이 받는 안전교육의 내용이 궁금해요.
송 기관사들을 위한 안전교육은 필기교육과 실기교육으로 나뉘어요. 내용을 살펴보면 첫 번째, 사고 사례 중심의 교육을 해요. 기존에 발생했던 사고들을 예로 들어 교육하기 때문에 교육 효과가 상승하죠. 두 번째, 안전작업을 위한 교육을 해요. 열차를 운행함에 있어 가장 중요한 안전을 강조하죠. 세 번째, 안전의식을 위한 교육을 해요. 기관사 스스로 안전의식을 고취해야만 안전한 열차 운행이 되기 때문이에요.

편 지하철 이용 중 유실물이 생기면 어떻게 해야 하나요?

송 역에서 내린 후 역 직원을 찾아가 도움을 요청하면 찾을 수 있어요. 본인이 탄 열차가 ○○행인지, 몇 시에 내렸는지, 어느 칸에 승차했는지를 얘기해주면 유실물을 찾는데 큰 도움이 될 거예요. 기관사가 회차^{기관사가 종착역에서 반대 운전실로 교환하는 행위} 중에 혹은 직원들이 청소하는 중에 유실물을 발견하면 역 직원에게 인계를 해주거든요. 역 직원은 인계받은 유실물을 보고하고 유실물센터로 보내요. 이렇게 유실물센터로 보내진 물건들이 다시 주인을 만나게 돼요.

편 기관사가 되면 원하는 사업소로 발령을 내주나요?

송 입사 후에 본인이 원하는 사업소를 지망해요. 대체적으로 지망하는 사업소는 거주지와의 접근성을 우선적으로 고려하기 때문에 회사에서도 이를 중점에 두고 배치해요. 하지만 사업소에 새로 충당되어야 할 신규 직원이 한정적이기 때문에 본인이 원하지 않는 사업소로 배정받을 수도 있어요. 추후에 고충처리 신청을 통해 사업소를 변경할 수도 있으니 너무 걱정하지 않아도 돼요.

편 지하철이 운행되려면 얼마나 많은 전문가들이 필요한가요?

송 지하철 한 대가 운행되기까지는 정말 많은 전문가들의 손길과 도움이 필요해요. 역 관리와 승객 응대 서비스를 하는 역직원, 차량 상태를 정비하고 관리해주는 차량직원, 열차가 안전한 궤도에서 운행될 수 있도록 해주는 토목직원, 터널 내 설비 등을 관리해주는 시설직원, 열차를 운행함에 있어 목숨 같은 신호를 관리해주는 신호직원, 전기가 잘 공급되도록 해주는 전기직원, 열차 운행으로 승객들에게 직접적인 서비스를 제공하는 기관사, 열차의 전반적인 상태를 확인하며 전체를 총괄하는 관제사, 그밖에 많은 부서에서 지하철이 안전하게 운행되도록 최선을 다하고 있어요. 모두들 보이지 않는 곳에서 묵묵히 일하는 고마운 분들이죠.

편 면접 준비는 어떻게 했나요?

송 저는 면접 예상 질문을 크게 두 가지 방향으로 나누어서 준비했어요. 첫 번째는 인성 질문, 두 번째는 전공 질문이었죠. 우선 인터넷 면접 카페에 가입해서 기존에 면접을 봤던 사람들이 올린 후기들을 참고하여 예상 질문지를 만들며 인성 질문을 준비했어요. 그리고 전공 질문에 대비해 기관사 업무에 필요한 사항들을 준비했죠. 더불어 회사 홈페이지에 들어가 회사에서 원하는 인재상과 회사에서 추진 중인 관련 사업 및 기사 등을 찾아봤어요. 질문지를 다 작성한 후에는 답변을 만들어서 거울을 보며 연습했어요. 준비한 답변을 가족들 앞에서도 해보고 친구들 앞에서도 연습했었죠. 이렇게 남 앞에서 말한다는 게 민망하긴 해도 실제 면접 볼 때 가장 큰 도움이 되었어요. 입사 후 동기들에게 면접 준비에 관해 물어보니 면접 스터디를 했던 사람이 많더라고요. 지인들에게 도움을 받기 힘든 분들은 면접 스터디를 통해 준비하는 것도 좋겠네요.

편 면접을 준비하면서 가장 신경 썼던 부분은 무엇인가요?

송 면접을 준비함에 있어 신경을 많이 썼던 부분은 질문의 내용이었죠. 하지만 그에 못지않게 표정관리에도 신경을 많이 썼어요. 너무 긴장해서 경직되어 있는 표정을 지을 경우 면접관들에게 좋은 인상을 남기지 못할 거 같아 걱정을 많이 했거든요. 그래서 거울을 보면서 표정 연습을 많이 했고, 당황스러운 질문을 받았을 때 어떻게 대처하면 좋을까 생각하면서 표정을 지어보기도 했어요. 아마 그때까지 살면서 거울을 봤던 시간보다 면접 준비하면서 거울을 봤던 시간이 더 길 것 같아요.

편 갑작스런 날씨 변화로 지하철 운행에 차질이 생긴 적이 있나요?

송 지하철은 아무래도 대부분의 운행 구간이 지하이기 때문에 지상 구간에서 운행 중인 열차들에 비해 날씨로 인한 제약이 덜하긴 해요. 하지만 비가 내리면 승객들이 비에 젖은 우산을 들고 타게 되고, 지하 터널을 통해 지하 선로로 물이 들어오는 경우도 있어서 이로 인해 열차나 안전시설의 고장이 발생하기도 하죠. 실제로 비가 내리는 날에는 안전문 장애 발생 건수가 증가하기도 하며, 폭설이 내리는 경우 일부 운행하지 않는 지상 구간이 생기기도 하죠. 하지만 안전한 열차 운행을 위해 운전취급규정에 이상기후 시 운전취급 및 조치가 규정되어 있으니 날씨가 나빠도 너무 걱정할 필요는 없어요. 이상기후라 함은 왕바람, 폭우, 폭풍우, 수해, 폭설, 혹한, 혹서, 안개, 지진 등 기상 영향으로 열차의 정상운전에 지장을 주거나 지장의 우려가 있는 경우를 말해요.

📵 운전실에도 화장실이 있나요?

📵 현재 운행되고 있는 모든 지하철은 운전실에 화장실이 구비되어 있지 않아요. 이점이 기관사들의 가장 큰 업무 고충이죠. 일부 호선의 운전실에는 소변 같은 경우 운전실 내에서 처리가 가능한 배변 패드가 있다고 들었어요. 운전실 내에는 화장실이 없기 때문에 마지막 종착역이나 회차선에 설치된 간이화장실을 이용해요.

📵 운전실 대부분이 어둡던데 이유가 있나요?

📵 지하 선로는 일단 내부가 어둡기 때문에 운전실 불을 다 켜버리면 선로 확인이 어려워져 전방 주시가 힘들기 때문이에요. 그래서 기관사 대부분이 운전실 내부를 어둡게 하고 전방

주시를 하죠. 하지만 이건 기관사 개인의 운전 스타일에 따라 다르기 때문에 모두 그렇다고는 할 수 없어요. 운전실이 답답하다고 느끼는 분들은 내부의 불을 켜고 전조등을 켜서 선로 상태를 확인하거든요.

편 송다연 기관사에게 있어 철도란 어떤 의미일까요?

송 대학에 처음 입학했을 때 실습동 건물 외벽에 한자로 쓰여 있던 말이 생각나네요. '철도는 나의 사명'이라고 적혀있었죠. 처음엔 너무 거창하게 느껴져서 그 글을 읽고 웃었던 기억이 나요. 당시 막 입학했던 새내기인 제게 가슴에 와 닿는 표현은 아니었죠. 근래에 학교에 볼일이 있어서 갔다가 우연히 그 글을 다시 보게 되었어요. 그 글을 보는데 가슴이 먹먹해지더라고요. 글로는 표현할 수 없는 미묘한 감정을 느꼈어요. 집에 돌아와서도 저 글이 계속 머릿속에 맴돌았어요. 제 인생에 있어 철도는 오랜 시간 함께해 왔고 또 앞으로도 함께 할 반려자이자 벗이거든요. 하지만 한편으론 제 어깨에 막중한 책임감을 얹어 놓은 존재이기도 하죠. 어느 정도 이 일을 하다 보니 이제는 진심으로 저 글을 이해할 수 있을 것 같아요. 철도는 제게 있어 사명이라는 말을요.

편 열차는 왜 자동차처럼 바로 멈출 수가 없는 건가요?

송 철도는 레일과 쇠바퀴가 만나는 특성상 마찰력이 적어 제동거리가 매우 길기 때문에 자동차와 같은 시간에 제동^{브레이크}을 취급했다고 해도 바로 멈출 수가 없어요. 그렇기 때문에 자동차는 사람을 발견한 후에 브레이크를 잡아도 사상사고^{당해열}

<small>차 또는 입환차량과 관련하여 사상자가 발생하였거나 혹은 선로에 사상자가 있는 것을 인지하고 정차하였</small>

<small>을 때의 사고</small>가 발생할 확률이 낮지만 열차는 사람을 발견한 후 제동을 취급하면 이미 늦었다고 봐야 하죠. 이러한 이유로 열차 사상사고가 매년 발생하고 있고요. 조금 더 자세히 설명하면 열차의 제동거리는 공주거리와 실제동거리를 합한 값이라고 볼 수 있어요. 공주거리란 기관사가 제동을 취급한 시점부터 제동력의 75퍼센트가 작용할 때까지 열차가 주행한 거리이며, 실제동거리는 속도가 줄기 시작하면서부터 열차가 정지할 때까지의 주행거리를 말해요. 열차는 길이가 길고 공기압축을 통한 제동을 하므로 제동체결까지 시간이 걸려 공주거리가 생겨요. 예를 들어 KTX의 경우 300km/h의 속도에서 비상제동을 체결하면 정차까지 약 3.5km의 거리가 필요하죠.

編 키가 작거나 뚱뚱해도 기관사가 될 수 있나요?

送 철도안전법이나 회사규정에도 기관사가 되는 조건에 신장과 몸무게는 쓰여 있지 않아요. 하지만 너무 키가 작을 경우 기기 취급이 어려울 수 있고, 너무 뚱뚱할 경우 건강에 무리가 와서 열차 안전 운행에 지장을 줄 수 있겠죠? 이런 극단적인 경우를 제외하고는 별다른 제약이 없기 때문에 신체 조건에는 크게 신경 쓰지 않아도 될 것 같아요.

編 운행 거리는 모두 누적되나요?

送 네. 각자 운행한 거리가 전부 누적이 돼요. 기관사가 출근해서 받아보는 승무상황표를 보면 본인의 현재 누적 거리가 쓰여 있고, 오늘 운행할 거리도 나와 있어요. 이러한 누적 거리를 바탕으로 무사고를 달성한 기관사의 노고를 치하하는 수여식이 있으며 소정의 선물을 지급해요. 우리 사업소도 몇 달 전 무사고 누적 거리 50만km를 달성한 선배들의 수여식이 있었죠. 그동안 수많은 승객들의 안전을 책임진 멋진 선배들의 모습에 감동을 받았어요. 꾸준히 일하다 보면 저도 언젠가 그 멋진 자리에 설 수 있는 날이 오겠죠?^^

편 어두운 환경에서 일하다 보면 눈이 피로하진 않나요?

송 아무래도 근무환경이 지하라 어둡다 보니 눈이 피로한 건 사실이에요. 터널을 지날 때마다 그곳에 설치되어 있는 수천 개 전등을 스쳐 지나가기 때문에 빛을 강하게 받았다가 다시 어둡다가를 반복하거든요. 우리 눈의 홍채는 빛과 반응할 때 계속 운동을 하기 때문에 기관사들이 열차를 한번 운행하고 돌아오면 홍채의 운동량이 엄청날 거예요. 이로 인한 눈의 피로감은 당연하겠죠. 그리고 기계 취급해야 할 것이 많아 계속 모니터 상태를 점검해야 하니 눈이 많이 피로해져요. 이런 업무환경으로 인해 시력이 저하되기도 해서 눈을 보호하기 위해 업무 시 보안경을 착용하는 분도 있어요.

기관사 송다연 스토리

S T O R Y

편 어린 시절에 대한 이야기가 궁금해요.

송 부모님께서는 어린 시절 목표에 관한 얘기를 많이 해주셨어요. 어떤 일이든 본인이 정한 목표치를 달성해서 본인과의 약속을 지키는 사람이 되어야 한다고 하셨죠. 어렸을 때 오늘 할 일이라고 적어서 검사받았던 일이 생각나네요. 어린아이였으니 거창한 약속들은 아니었죠. 동생과 놀아주기, 내 방 청소하기, 학습지 몇 장 풀기 이런 간단한 것들이었어요. 하루가 끝날 때쯤이면 부모님께 검사를 받고 하지 못한 일은 왜 못했는지 설명했죠. 부모님께서는 하지 못한 일에 대해 혼을 낸다기보다는 그럼 앞으로는 이렇게 계획을 잡는 게 좋겠구나, 내일은 이런 계획을 세워보는 게 어떨까하는 조언을 해주셨어요. 아마 그때부터 계획을 세우는 게 습관이 된 것 같네요. 저는 지금도 하루하루 계획을 세우고, 한 달의 목표를 정해두고 생활하거든요. 거창한 계획은 아니에요. 하루에 몇 보 이상 걷기, 한 달에 책 한 권 읽기 등과 같은 소소한 일들이죠. 하루하루 목표를 정하고 살다 보니 그날 하루의 소중함도 느끼고, 장기간 계획했던 목표를 이루었을 때는 얼마나 뿌듯한지 몰라요. 작년에는 영어공부를 목표로 두었는데 시험에서 원했던 성적을 받아서 제 자신을 위한 선물을 하기도 했죠. 정말 좋은 습관을 주신 부모님께 감사해요.

저에게는 두 명의 여동생이 있어요. 어린 시절 동생들과 놀며 많은 추억을 쌓았죠. 온종일 붙어있으면 싸우기도 하지만 금방 다시 화해해서 언제 싸웠냐는 듯 잘 지냈죠. 여느 자매들처럼 우애 있게 지냈는데 첫째이다 보니 어렸을 때부터 자연스럽게 동생들을 챙기게 되더라고요. 어느 순간부터 내가 언니니까 양보해야지, 내가 언니니까 이해해줘야지 하는 생각을 자연스럽게 갖게 됐어요. 남을 배려하고 이해할 줄 아는 마음을 터득한 것이죠. 이러한 마음가짐이 사회생활을 하는데 있어서도 큰 도움이 되는 거 같아요.

편 중, 고등학교 시절에 대해 이야기해주세요.

송 저는 성격이 활발한 편이어서 친구들과 잘 어울려 지냈어요. 중학교 2학년과 3학년 때는 반장을 도맡아 했고 학생회 활동도 했어요. 교내에서 영어웅변대회나 글짓기대회를 개최하면 참가해서 입상도 여러 번 했고요. 매우 적극적인 학생이었죠. 고등학교 때는 아무래도 학업에 중점을 두다 보니 중학교 때만큼 많은 추억을 쌓진 못했어요. 그래도 바쁜 학업 속에서 3년 동안 동아리 활동을 하면서 친구들과 재밌는 학교생활을 했던 기억이 나네요.

공부는 잘 했나요?

송 공부를 특출나게 잘하진 않았어요. 내신 성적이 좋지 않은 편이어서 수시를 포기하고 수능을 목표로 준비했어요. 고등학교 3학년이 되어 수능시험을 봤는데 너무 긴장했는지 모의고사를 볼 때 나오던 성적과 너무 심한 차이가 나더라고요. 그때 고민을 정말 많이 했어요. 1년을 더 투자해서 원하는 대학에 갈까, 아니면 성적에 맞춰서 대학에 갈까에 관한 것이었죠. 고민 끝에 결론을 내렸어요. 1년 더 열심히 해보기로 마음먹은 거죠. 이런 결심이 서기까지 부모님의 조언이 큰 힘이 되었어요. "인생은 길고, 네 꿈을 향한 1년의 투자는 값어치 있는 것이다. 설령 네가 실패하더라도 그 경험으로 얻은 것들이 네 인생에 큰 자양분이 될 것이다."라는 말씀을 해주셨거든요. 그래서 재수하기로 했어요. 그리고 혼자 도서관에 다니면서 계획을 세워가며 공부했죠. 하루가 오로지 저를 위한 시간이 되다 보니 오히려 고등학생일 때보다 능률적으로 공부할 수 있어 좋더라고요. 물론 중간중간 힘들고 위기도 있었지만 그럴 때마다 꿈을 생각하면서 버텼어요. 다시 수능시험을 봤을 때 모의고사 성적보다는 적게 나왔지만 다행히 원하는 학교에 지원할 수 있는 성적이 나왔죠. 제가 입학할 때는 국어, 수학, 영어, 탐구2 과목을 봤었고 저는 평균 1.6등급을 받았어요.

편 특별히 좋아했던 과목이 있었나요?

송 저는 문과생이었는데 수학을 좋아했어요. 처음부터 그랬던 건 아니었죠. 중학교 때와 고등학교 1학년 때까지는 수학이 너무 어렵고 힘들었거든요. 수학을 좋아하게 된 건 고등학교 1학년 겨울방학 때부터였어요. 당시 아버지께서 수학 성적이 낮으면 원하는 대학에 가기 힘드니 이번 방학에는 수학만 집중해서 공부하라고 조언해주셨거든요. 그래서 방학 내내 시중에 나와 있는 몇 가지 모의고사 문제집을 반복해서 풀었어요. 방학 동안 문제집 네 권을 세 번 정도 반복해서 풀었던 거 같아요. 이해가 안 가는 건 외웠고요. 계속 풀다 보니 나오는 문제 유형이 거의 반복된다는 것을 알게 됐죠. 그전에는 수학 모의고사에서 3등급을 받았는데 방학 기간이 지나고 고등학교 2학년 때 처음 본 모의고사에서 바로 1등급이 나오더라고요. 그때 '노력은 절대 배신하지 않는구나!'라는 생각이 들었어요. 이렇게 노력한 만큼 성과가 나오니 수학에 더 욕심이 생기고 흥

미가 생기더라고요. 그래서 더 열심히 하게 됐고, 그 뒤론 모의고사를 보면 수학은 거의 다 1등급을 받았어요. 이 글을 읽는 학생 중에 수학 때문에 고민인 학생이 있다면 제가 한 공부방법을 추천하고 싶어요. 그런데 저처럼 수학만 공부하다 보면 다른 과목은 일시적으로 성적이 떨어질 수밖에 없어요. 그러니 저처럼 극단적으로 하진 말고, 다른 과목에도 시간을 할애하면서 할당량에 차이를 두면 좋을 거 같아요.

편 학창시절 기억나는 사건이 있나요?

송 대학교 때 처음 철도회사로 실습을 나갔던 일이 기억이 많이 나요. 처음 현장에 나가보는 거라 긴장도 많이 되고 설레었거든요. 2주간의 짧은 실습기간이었지만 학교에서 경험해보지 못한 것들을 배우고 졸업 후 진로 전망 파악 및 방향 설정에 큰 도움이 되는 좋은 기회였어요. 그 뒤로 학기 방학마다 실습을 나갔었는데 학기 중 궁금했던 사항을 기록해두고 현장실습을 나가면 실무에서 일하는 기관사 선배에게 질문해서 궁금증을 해소하기도 했어요.

[편] 어렸을 때 꿈은 뭐였나요?

[송] 저는 어렸을 때 장래희망이 매년 바뀌었어요. 아나운서가 꿈이었던 적도 있고 선생님이나 과학자가 되고 싶기도 했다가 파티시에처럼 그 해에 인기 있는 직업, 혹은 드라마에서 이슈가 된 직업을 장래희망으로 삼았었죠. 어렸을 때라 구체적인 꿈을 꿨다기보다는 막연히 직업의 단면만 보고 멋있어 보이면 하고 싶다고 생각했던 거 같아요. 그러던 중 고등학교 때 기관사라는 직업에 큰 관심이 생겼고 이때부터 구체적인 꿈을 갖게 되었죠.

[편] 꿈꾸던 것을 이루셨네요.

[송] 우선 기관사라는 꿈은 이루었지만 구체적으로 어떤 기관사가 되고 싶은지에 대한 꿈은 아직 이루고 있는 중이라고 생각해요. 지난번 사업소에서 무사고 50만km를 달성한 선배들의 수여식이 있었거든요. 지구가 약 4만km이니까 50만km면 지구를 약 13바퀴 돈 셈이죠. 정말 멋있고 대단해보였어요. 나한테 저런 멋진 선배들이 있다는 걸 생각하면 든든하기도 했고요.

편 학창시절 진로를 어떻게 결정하게 되었나요?

송 진로를 선택하는데 있어 부모님의 영향이 컸어요. 그때가 아마 고등학교에 입학해서 얼마 지나지 않았을 때였을 거예요. 학교에서 개인 기록카드를 적어오라고 했는데 장래희망을 적는 칸이 내가 원하는 직업과 부모님이 원하는 직업으로 나누어져 있더라고요. 별생각 없이 집에 가져와서 부모님께 드리니 저보고 앉아보라고 하시고는 앞으로 어떤 일을 하고 싶은지 물어보셨어요. 당시 저희 부모님은 저를 어떤 딸로 키울지 고민 중이셨다고 했어요. 그러면서 기관사란 직업이 어떻겠냐고 추천해주셨죠. 처음엔 너무 뜻밖의 직업이라 당황스러웠어요. 그렇지만 뇌리에 강하게 남았고 궁금해서 그 뒤로 기관사가 어떤 일을 하는지 찾아보게 되었죠. 그러면서 자연스럽게 관심이 커졌어요. 그때는 기관사에 대한 정보가 지금보다 더 없었어요. 뉴스 기사나 기관사 인터뷰, 열차 운행 동영상에서 얻은 게 전부였죠. 그런 것들을 찾아보다 보니 기관사라는 직업이 너무 멋있고 대단해 보이는 거예요. 더군다나 여성이 드문 직업이어서 더욱더 희소성 있어 보이더라고요. 그래서 그때부터 기관사라는 꿈을 꾸기 시작했어요.

편 대학에서 어떤 전공을 하셨나요?

송 저는 철도 관련 대학을 나왔기 때문에 당연히 학교에서 철도에 관한 공부를 했어요. 제가 전공한 학과는 철도운전기전과예요. 열차 운행 업무에 관한 수업, 철도차량운전면허 필기시험에 필요한 수업도 듣고, 철도시설, 토목, 신호 등 철도 시스템의 전반적인 체계에 관해서도 배웠어요. 철도와 관련된 폭넓은 시야를 가질 수 있었죠. 교수님들 중에는 기관사나 관제사 출신인 분들이 많아서 현장에 대한 이야기도 많이 들었어요. 그때 배웠던 모든 것들이 지금까지도 일하는데 많은 도움이 되고 있어요. 당시 교수님들은 좋은 얘기만 해주신 게 아니었어요. 사상사고, 열차사고 등에 관한 얘기도 많이 해주셨기에 회사에서 생활하면서 업무적으로 힘든 일이 있어도 남들보다 비교적 덤덤하게 반응할 수 있는 거 같아요.

편 대학 졸업 후 바로 이 직업을 가졌나요?

송 저는 대학에 입학하는 그 순간부터 기관사라는 직업 외에 다른 직업은 염두에 두지 않았어요. 제 전공이 운전과였기 때문에 더욱더 그랬던 거 같아요. 대학교 1학년 때부터 관련 자격증을 취득하고 기관사의 실제 업무 패턴이라든지 근무환경에 대해 많은 관심을 가졌죠. 학교에서는 학기마다 현장실습이라는 과목이 있어서 현업에서 2주간 실습할 수 있는 기회가 있었어요. 그때 평소에 궁금했던 질문도 하며 많은 것을 배워 갈 수 있었죠. 현장실습을 나갔던 많은 회사 중에 서울교통공사가 가장 마음에 들었어요. 전 역에 스크린도어가 설치되어 있어 사상사고 위험이 덜하기도 했고, 집과 가까워서 출퇴근하기도 용이했기 때문이에요. 그리고 사업소 분위기도 정말 좋더라고요. 그러던 중 운 좋게 제가 졸업할 시기에 맞춰 채용공고가 났어요. 바로 지원을 했고 합격하게 됐죠. 신기하게도 저는 그때 실습 나왔던 사업소로 발령을 받아 지금까지 일하고 있어요. 이런 걸 보면 인연이란 게 정말 있는 거 같기도 해요. 그래서 사업소에 대한 애정이 누구보다 남달라요.

편 언제부터 이 직업에 관심이 있었나요?
송 앞서 말했듯이 고등학교에 입학하고 나서 부모님과 진로에 대해 논의하던 중 기관사라는 직업에 관심이 생겼고 그 뒤로 관련 기사나 영상 등을 찾아보면서 더 큰 흥미를 느꼈어요.

편 어떤 과정을 거쳐 이 직업을 갖게 되었나요?

송 저는 철도대학에 진학한 후 철도차량운전면허증을 취득했어요. 그 뒤로 관련 자격증을 취득했고 원하는 회사의 채용공고가 나서 지원했죠. 합격 후 지금까지 기관사로서 맡은바 소임을 다하고 있어요.

편 진로 선택을 하는데 도움을 준 사람들이 있나요?

송 아무래도 가장 큰 도움을 주신 분은 부모님이세요. 처음이 직업을 권해주기도 하셨고, 제가 관심을 가지자 함께 이런저런 정보를 알아봐 주셨거든요. 각종 매스컴에 기사가 나면 스크랩해두시거나 메모해두셨다가 알려주셨죠. 돌아보면 부모님의 꾸준한 지지와 응원이 가장 큰 힘이 되었던 거 같아요. 일하고 있는 지금도 응원을 많이 해주세요. 대학교 교수님들도 많은 도움을 주셨어요. 대학에 입학했더니 과에 여자가 저혼자라 처음엔 적응하기 힘들었거든요. 내가 과연 남자가 대다수인 철도회사에 잘 적응해 나갈 수 있을까 고민도 많이 했고요. 그런 와중에 수업시간마다 교수님들이 현업에서 일하는 여성 기관사들 얘기를 해주셨어요. 그런 얘길 들으면 힘이 났어요. 나도 기관사가 돼서 후에 이 길을 걸을 여성 기관사들에게 좋은 본보기가 되고 싶다는 생각도 했죠. 많은 교수님들께서 여자가 이런 직업을 선택하기 쉽지 않은데 굉장히 멋지다, 꿈을 응원한다는 얘기도 많이 해주셨고요. 그때마다 이 길을 선택하길 잘했다고 생각했고 더 열심히 꿈을 향해 정진해야겠다고 다짐했죠.

편 이 분야의 전문가가 되기까지 얼마나 걸린 건가요?

송 기관사가 되기 위한 본격적인 준비를 한 건 철도대학 입학을 목표로 삼았을 때부터였죠. 재수 후 철도대학에 입학했고, 학교생활을 하는 동안 전반적인 철도 시스템과 체계에 대해 공부했어요. 철도차량운전면허자격증도 취득했고요. 회사에 입사한 후 단독 근무를 타기까지가 전문직업인이 되기 위해 노력한 기간으로 보면 될 거 같아요. 이 기간이 4년이 조금 안 되는 정도인 거 같네요. 물론 고등학교 졸업 후 대학을 나오지 않고 바로 철도아카데미에 들어간다면 그 기간을 단축시킬 수 있을 거예요.

편 현재의 삶에 만족하나요?

송 저는 지금 제 생활이 정말 좋아요. 이 직업에 매우 만족하

고 있고요. 기관사가 되고 싶다는 꿈의 첫 단추를 채웠기 때문이죠. 일할수록 더 큰 보람을 느끼고, 직업 특성상 개인 시간이 많기 때문에 온전히 저를 위해 쓸 수 있는 시간이 많아서 좋더라고요. 틈틈이 여행도 다니고, 배우고 싶었던 것들도 배우면서 즐겁게 지내고 있어요.

편 첫 운행의 느낌이 어땠는지 기억나세요?

송 가끔 동기들이랑 처음 근무하던 날에 관해 얘기를 해요.

다들 생생하게 기억하고 있더라고요. 저 또한 선명하게 기억이 나요. 많은 교육을 받고 선배들과 수없이 타봤음에도 불구하고 첫 운행은 굉장히 떨리면서 설레었던 기억으로 남아있어요. 처음 혼자 타는 날이어서 긴장도 많이 했었죠. 다행히 첫날 별일은 없었죠. 그날 근무가 끝나고 집에 가는 길에 기분이 묘하더라고요. 이제 나도 정말 기관사구나라는 생각에 신나면서도 어깨가 무거웠어요. 그 때가 5월 봄이었는데 그 계절의 향을 맡으면 그때가 생각이 나요.

편 자녀가 있다면 권할 만한 직업인가요?

송 물론이에요. 이 직업을 갖기 원한다면 적극적으로 지지해줄 생각이에요. 제 자녀가 수천 명 승객의 안전을 책임지며 사명감을 갖고 일할 걸 생각하면 너무나도 뿌듯할 것 같네요. 부모님께서도 저를 많이 응원해주세요. "우리 딸, 정말 멋있고 자랑스럽다."라는 얘기를 자주 해주시거든요. 제가 받은 이러한 기운을 미래의 자녀에게도 전달해주고 싶어요. 기관사는 개인 시간이 많고 휴가를 쓰는 것이 자유롭기 때문에 가족들과 함께 여행을 다니기도 좋은 직업이에요. 자녀도 기관사가 된다면 가족 간에 좋은 추억을 많이 쌓을 수 있겠네요.

편 그밖에 관심을 가지고 활동하는 분야가 있을까요?

송 작년에는 사내에서 청년중역회의 5기로 활동했어요. 청년
중역회의란 다른 직렬의 사람들과 소통하면서 회사의 발전에
대해 논의하는 모임이에요. 기관사라는 업무의 단점이 혼자서
일하는 업무이기 때문에 다른 직렬과 소통할 일이 거의 없거
든요. 중역으로 활동하면 더 많은 사람들과 만날 수 있고 그들
을 통해 견문을 넓힐 수 있을 것 같다는 생각에 신청했죠. 청
년중역회의 활동을 하는 동안 수많은 아이디어를 내고 많은

사람들과 소통하면서 소통과 대화가 얼마나 중요한지 경험할 수 있었어요. 그런 경험을 한 것만으로도 좋은 기회였는데 청년중역회의에서 제가 발의한 안건 중 한 개가 채택된 일도 있었어요. 그 안건이 2016년 직무발명 및 업무혁신 으뜸상 경진대회에서 최우수상을 수상했죠.

편 최근에 새롭게 도전하는 분야가 있나요?

송 요즘 대학원에 다니고 있어요. 제가 나온 한국철도대학이 전문대학이다 보니 처음에는 학사학위를 취득하고 싶어서 한국방송통신대학교 경영학과로 편입했어요. 수업을 들을수록 경영학 쪽에도 관심이 생겼고 졸업할 때쯤 철도와 경영이 접목된 공부를 더 해보고 싶다는 생각이 들었죠. 그래서 철도전문대학원에 지원했고 현재는 좀 더 깊이 있는 공부를 하고 있어요. 단순히 학문과 식견만 넓히는 게 아니라 다양한 분야의 사람들과 만나 소통하다 보니 더 넓은 견문을 쌓을 수 있게 되었죠.

편 기관사로서 앞으로 어떤 목표를 갖고 계신가요?

송 기관사에게 있어서 '무사고 기관사'라는 타이틀만큼 값어치 있는 수식어는 없다고 생각해요. 사업소에 계신 수많은 선배들처럼 훗날 저도 후배들에겐 좋은 귀감이 되고 시민들에겐 안전을 선물해주는 멋진 기관사가 되는 게 꿈이자 목표예요. 또 요즘 책을 쓰다 보니 기관사를 꿈꾸는 학생들에게 직접적인 도움을 주고 싶다는 생각이 들었어요. 기회가 된다면 멘토링을 통해 학생들이 꿈을 이루는데 도움이 되고 싶어요.

편 마지막으로 기관사를 꿈꾸는 청소년들에게 하고 싶은 말이 있나요?

송 기관사는 정말 멋지고 매력적인 직업이에요. 하지만 화려하고 주목을 많이 받는 직업은 아니죠. 어두운 터널 속에서 수천 명 혹은 수만 명 승객의 안전을 위해 묵묵히 일하기 때문에 누군가가 알아주거나 노고를 치하해주는 일은 아니에요. 그럼에도 불구하고 대부분의 기관사는 본인의 직업을 통해 자부심과 사명감을 느껴요. 기관사들이 이 직업에 종사하는 가장 큰 이유도 이 자부심과 사명감 때문일 거예요. 기관사라는 직업의 안정감과 개인 시간이 많다는 점만 보고 진로를 선택 하는 분이 있다면 저는 한사코 말리고 싶어요. 사람은 간사한 동물이기 때문에 실제로 일을 하다 보면 장점은 쉽게 잊히고 단점만 눈에 보이거든요. 그렇기 때문에 이 직업의 단점까지도 수용할 수 있는 분들에게 추천해주고 싶어요.

청소년들의 진로와 직업 탐색을 위한
잡프러포즈 시리즈 10

책임과 사명을
즐길 수 있다면

2017년 12월 22일 | 초판1쇄
2021년 5월 17일 | 초판4쇄

지은이 | 송다연
펴낸이 | 유윤선
펴낸곳 | 토크쇼

편집인 | 박가영
디자인 | 김경희
마케팅 | 김민영

출판등록 2016년 7월 21일 제2019-000113호
주소 | 서울시 서초구 나루터로 69, 107호
전화 | 070-4200-0327
팩스 | 02-780-0327
전자우편 | myys327@gmail.com
블로그 | http://blog.naver.com/talkshowpub
ISBN | 979-11-88091-13-3 (43190)
정가 | 15,000원